Gottfried Uhlich, Carlo Goldoni

Die vernünftige Frau

oder die Schule des Ehestandes. Ein Lustspiel in fünf Aufzügen

Gottfried Uhlich, Carlo Goldoni

Die vernünftige Frau
oder die Schule des Ehestandes. Ein Lustspiel in fünf Aufzügen

ISBN/EAN: 9783743404328

Hergestellt in Europa, USA, Kanada, Australien, Japan

Cover: Foto ©ninafisch / pixelio.de

Gottfried Uhlich, Carlo Goldoni

Die vernünftige Frau

Die Vernünftige Frau
oder
die Schule des Ehestandes.
Ein Lustspiel
in fünf Aufzügen.

Aufgeführt
in den kaiſ. königl. privilegirten Theatern.

WIEN,
Zu finden bey dem Logenmeiſter.
1773.

Personen.

Baron Bernberg, Vater.

Baroninn Bernberg, Mutter.

Karl Bernberg, Sohn.

Louise, Fräulein Bernberg.

Graf Wintersfeld.

Gräfinn Wintersfeld.

   äfinn Hellborn eine junge Wittwe.

   ulein Rentheim.

   briſt Waldburg.

Einige Bediente.

Erster Aufzug.

Erster Auftritt.

Das Theater stellet vor des B
Kabinet.

Baron Vernberg, die Baronin
Baron. (sizt an einem Tisch, und ließt.)

Wie Madam? Sie verfolgen mich gar
mein Kabinet? in mein Heiligthum
ich dachte, daß ich wenigstens an diesem Or-
te sicher wäre.

Baroninn. Ich stöhre dich doch hoffentlich
nicht mein Schaz.

Baron. Es wäre mir sehr lieb, wenn wi
beyde unsre wechselseitige Pflichten nicht ver
gässen, ich dränge mich nie an ihre Toilett
und ich wünschte, daß ihnen meine Einsam-
keit eben so heilig wäre.

Baroninn. Ich bite um Vergebung Baron! Aber wahrhaftig, Sie haben mich durch den plözlichen Entschluß ihre Tochter zu verheirathen so unglücklich gemacht, daß ich nirgends Ruhe finden kann.

Baron. Sie kommen also her, mich eben so unruhig zu machen, als sie selbst sind, ich bin ihnen dafür verbunden. Aber sie kennen mein wunderliches Temperament, ich kann es durchaus nicht leiden, das man mich beunruhige. Sie würden mir folglich einen großen Gefallen erweisen, wenn Sie sich entweder gänzlich meinem Willen überlassen, oder aber von hier , und ihre beredte Klagen vor jemanders ausschütten wollten, der mehr gt ist an ihren Kummer Antheil zu nehals ich.

Baroninn. Sie wissen, ihr Wille ist mir jederit ein Gesätz gewesen. Ich bite Sie aber ur zu überlegen, wie grausam es ist junge eute wider ihre Neigung zu zwingen.

Baron. Diesen lächerlichen Einwurff erwartete ich nicht von ihnen. Sie wissen, ich stecke tief in Schulden, und ich muß ihnen gestehn, wenn ich mich mit tausend Gulden vom Untergange befreyen könnte, ich wüste Sie nirgends aufzutreiben, Sagen Sie mir also, kennen Sie jemand ausser den Obrist Waldburg, der ihre Tochter ohne Vermögen nehmen würde? denn ich bin nicht im Stande, be, und werde es auch vermuthlich nie seyn, ihr etwas mitzugeben.

Baroninn. Aber Louise ist ja noch sehr jung, warum wollen wir so eilen? Zudem, wenn der große Proces zu ihrem Vortheil entschieden würde, so wären —

Baron. Der grosse Proceß! der grosse Proceß! wissen Sie denn nicht, daß der Schreiber meines Bestellten von der Gegenparthey bestochen worden, und mit meinen Hauptbeweisen durchgegangen, daß ich deſſentwegen den Proceß schon bey zwey Instanten verlohren habe. Wie soll ich ihn nun auf einmal gewinnen, glauben Sie, daß man itzt ohne alle Beweise, blos weil meine Tochter ein Heirathgut braucht, zu meinem Vortheil sprechen werde?

Baroninn. Es kann sich noch vieles ändern. Ueberdiß, wenn die Sache mit Gräfinn Hellborn und ihrem Sohne zur Richtigkeit kommen sollte, so werden Sie ja auch im Stande gesetzt ihre Tochter gut zu versorgen.

Baron. So sind die Weiber, wo sie nur das geringste merken, da fallen sie gleich drüber her, ich habe es ja meinem Sohne noch nicht einmal ausgetragen, wer weis, ob Sie ihm gefällt, und Sie werden doch hoffentlich nicht wollen, daß ich meinen Sohn zu einer Heurath zwingen soll, damit seine Schwester sich nach Gefallen einen Mann wählen könne.

Baroninn. Ich verlange ja gar nicht, daß Sie

Sie ihre Tochter einen Mann nach Gefallen wählen laſſen, zwingen Sie Sie nur nicht einen zu nehmen, den Sie haßt!

Baron. Hat Sie ihnen denn geſagt, daß Sie den Obriſten haße?

Baroninn. Nicht mit ausdrücklichen Worten, aber ihr trauriges Weeſen beweißt —

Baron. Vielleicht liebt Sie Jemand andern?

Baroninn. Die Wahrheit zu ſagen, das glaube ich.

Baron. Und wer iſt denn der glückliche Mann?

Baroninn. Der junge Waldburg, der Neffe des Obriſtens, der itzt auf Reiſen iſt, und den man alle Tage zurück erwartet.

Baron. Die ſchöne Wahl! Da hätte ich in etwelchen Jahren das Vergnügen Großpapa von zwey oder drey kleinen Betlern zu ſeyn, die bey der Eitelkeit ihrer Mutter und der Armuth ihres Vatern es auch zeitlebens bleiben würden.

Baroninn. Aber, da der alte Obriſte ihn auf eigene Koſten auf Reiſen geſchickt hat, ſo ſcheint es, als ob er etwas für ihn thun wollte, und wenn er ohne Erben ſtirbt, ſo iſt ja der Neffe ſein einziger Erbe.

Baron. Und Sie bilden ſich alſo ein, daß er Junggeſelle bleiben wird, wenn Sie ihm ihre Tochter abſchlagen? Pfuy, Baroninn, Sie haben in ihrem Leben noch nicht ſo ſchwach
ge=

geredet. Der Obrist ist sehr reich, er wird Mädchens genug finden, nein, ich will diese Gelegenheit nicht aus Handen lassen.

Baroninn. Aber erwägen Sie doch das Elend eines Ehestandes, wo auf der einen oder andern Seite weder Liebe noch Hochachtung ist. Haben wir nicht in unserm Hause ein sichtliches Beyspiel an Grafen Wintersfeld und seiner Frau? Sind Sie nicht das unglücklichste Paar von der Welt?— in beständiger Uneinigkeit. Ich gestehe es, es reuet mich sehr, daß ich Sie zu uns eingeladen habe ich wünschte vom Herzen, Sie wären wieder auf ihren Gütern.

Baron. für sich (Ich wünsche es nicht) Sie haben da ein schlechtes Beyspiel gewählt. Ein närrischer Pursche und ein verrücktes Mädchen, die beide nicht wissen, was Sie wollen. Er heirathete das Mädchen, das ihm seine Mutter aussuchte, um seinen Vormund los zu werden; und Sie nahm den Mann den ihr ihr weiser Vater vorschlug um aus dem Hause wegzukommen, und eine Frau zu werden, was kann man von so einem einfältigen Paare erwarten? Er ist stolz auf die Macht eines Ehemannes und quählt seine Frau den ganzen Tag, weil er dadurch ein männliches Ansehen zu überkommen denkt, Sie hingegen bildet sich ein, die Weiber hätten das Recht zu widersprechen, und sich zu widersetzen. Sie werden ben beide glücklich seyn, wenn Sie die Welt besser kennen werden.

Baroninn. Und ich glaube, daß niemals eines das andere glücklich machen werde.

Baron. Aber sagen Sie mir doch, was haben dann Sie für ein grosses Glück gemacht, daß Sie den Mann geheirathet haben, den Sie sich selbst wählten.

Baroninn. Von ihnen ist diese Frage etwas seltsam. Ich habe mich nie über mein Schicksal beschwehrt, bin ich aber nicht vollkommen glücklich gewesen, so war es doch wenigstens nicht meine Schuld.

Baron. Also meine vermuthlich? — Doch lassen Sie uns einmal davon aufhören. Ich verlange Gehorsam, haben Sie also die Güte, und sagen Sie das ihrer Tochter. Ich will Sie selbst sprechen, und erwarte dann eine Antwort von ihr, wie Sie die Pflicht erfordert.

Baroninn. Sie tragen mir ein unangenehmes Geschäfft auf, aber ich will ihnen gehorchen.

(geht ab)

Zweyter Auftritt.

Baron Vernberg.

Baron. Das hast du allemal gethan, so viel muß ich dir zu deinem Ruhme nachsagen. Aber ich bin ganz mißvergnügt. Die unglück-

lichen Umstände meines Hauswesens! —
Armuth — Elend — Alles kömmt auf Karls
kindlichen Gehorsam an, doch so viel ich seit
einiger Zeit gemerkt habe, werde ich da Hin=
dernisße finden, die sich nicht leicht heben las=
sen. Tausend Unruhen martern mich! —
Und doch hat die blühende Schönheit der klei=
nen Närrinn mich so behext — ich kann mich
nicht von ihr losreißen — doch, was will
Wintersfeld?

Dritter Auftritt.

Baron Bernberg, Graf Wintersfeld.

Graf. Ach liebster Baron!

Baron. Wie ganz außer Athem? Was fehlt dir Graf?

Graf. Auf meine Ehre, Baron, ich bin die=
sen morgen von dem Getöse der ehelichen Fra=
gen so betäubt worden, daß ich allen Muth
verlohren habe. Ich muß mich setzen.

Baron. Ja, ja, du magst wohl vergange=
ne Nacht auf Schelmstreiche ausgegangen seyn.

Graf. Mein Seele nicht. Ich war blos
beym Souppe. Ich kam noch vor drey Uhr
nach Hause, und doch war meine Frau so
ein kleiner unvernünftiger Teufel, daß Sie
mich wohl funfzigmal fragte, warum ich so
lange ausgeblieben wäre.

Baron. So machen Sie es alle. — Aber

du kennest doch hoffentlich deine Rechte zu gut, als daß du ihre Neugierde hättest befriedigen sollen.

Graf. Befriedigen? Nein, gewiß nicht. Aber ich bite dich Baron, wie würdest du dich in diesem Falle betragen? Ich würde mich freuen, wenn mein Verfahren mit dem deinigen übereinkäme.

Baron. Hm! Gar nicht ungestümm — du weißt wohl, daß ist meine Arth nicht — das ist nicht männlich. Ueberdiß würde das deine Frau nur noch mehr aufbringen, und ihre Empfindlichkeit rechtfertigen. — Aber es giebt so eine Arth von höhnischer Begegnung, ich weis es, die kränkt die Weiber in der Seele, und das beste dabey ist, Sie läßt sich nicht erwiedern. Mögen Sie doch unsre eignen Worte wiederhohlen, aber ohne den Tone, ohne die Minen, womit wir Sie begleiten, und wir empfinden nicht das geringste dabey.

Graf. Ja, das ist eben das Geheimniß, hinter das ich gerne kommen wollte, das ist die rechte Kunst zu quählen, und unter allen Talenten, die du besitzest, Baron, dasjenige, warum ich dich am meisten beneide. Wie oft habe ich die Baroninn schwellen, und ihr Thränen aus den Augen fliessen sehn, und, hohl mich der Teufel, ich dachte — ich dachte, du wärest recht böse auf Sie gewesen. — Ich werde also besser thun, wenn ich muthwillig

bin

bin, und herumfasse, um Sie auf deine Manier zu plagen. Doch diesen morgen habe ich mich noch so zimlich gemäßigt.

Baron. Nun laß hören, was gieng denn da vor?

Graf. Je nun, ich kam um drey Uhr nach Hause, wie ich dir schon gesagt habe, und brachte so ein klein Räuschgen mit, aber was gieng das Sie an? Du weißt, ich bin allemal etwas aufgeräumt, wenn ich ein Gläßchen zu viel getrunken habe. Ich kroch ins Bette, so sachte, wie eine Mauß, denn ich dachte so wenig dran, mit ihr zu zanken, als itzt mit dir. Ach! sagte Sie mit einem Seufzer, es ist doch traurig, wenn man so in seiner Ruhe gestöhrt wird, und so murmelte Sie wohl eine ganze Viertlstunde fort. Ich lag die ganze Zeit ruhig und antwortete kein Wörtchen. Endlich ward ich es überdrüssig, daß Sie mir immer, so in die Ohren brummte, und sagte zu ihr: seyn Sie doch ruhig Frau Wespe, und lassen Sie mich schlaffen. Ich war schon halb eingeschlaffen, als ich das sagte, und in zwey Minuten schnarchte ich, wie ein Ratz. Wie ich nun itzt zum Frühstücke kam, da saß Sie am Tisch ganz alleine, und sah so nett, so frisch, so artig aus, daß ich, wahrhaftig ohne zu denken, was die Nacht über vorgegangen war, hingehn, und Sie küssen wollte. Gleich fuhr Sie mit ihrem kleinen, finstern Gesicht in die Höhe: du warst

mir

mir ein feiner Herr vorige Nacht, sagte Sie. Ich schmeichle mir, es alle Nächte zu seyn, sagte ich mit einer kleinen Verbeugung. War das nicht ohngefähr nach deiner Methode Baron?

Baron. Vortrefflich, vortrefflich!

Graf. Um Vergebung sagte Sie, wo bliebst du denn so spät in die Nacht? Beym Souppee sagte ich ganz höflich. Und wer war dann mit ihnen Herr Graf? O dachte ich, ich will dir deine Fragen versalzen. Ich nennte dich Baron, und noch ein halb duzend junge lustige Leute, die ich wohl in meinem Leben nicht gesehn hatte, zwey Operistinnen, und drey Tänzerinnen, setzte ich hinzu, pfif, und sah anderswohin.

Baron. Das war ein bischen zu viel, aber auch nur ein bischen.

Graf. Gleich schmiß sie ihre Schalle hin. Wenn das ist Graf, sagte Sie halbschluchzend, so will ich mich von ihnen scheiden lassen. Wie ich längst gewünscht habe, antwortete ich ihr. Nein, wie ich wünsche, sagte Sie, und so zankten wir immer, bis wir beede ausser Athem waren, endlich stieß ich den Tisch um, und lief zu dir, um deinen Rath und Trost zu hohlen.

Baron. In der That Graf, ich bedaure dich. So einen kleinen Teufel zur Frau zu haben, ist würklich eine Hölle; aber das ist nun einmal das Schicksal des Ehestandes. So viel habe ich jederzeit bemerkt, je mehr
der

der Mann nachgiebt, destomehr thrannisirt die Frau. So giengs mir anfangs auch, aber ich habe bald andere Maaßregeln genommen, und nachdem ich meine Autorität ein bischen habe sehen lassen, habe ich hoffentlich meine Frau zu einer der wohlgezogensten in der Stadt gemacht.

Graf. Bey meiner Ehre Baron, das ist Sie auch. Der Henker hohle mich, ich wünschte, wir lebten, wie die Spartaner. Ich versichere dich, gälten die spartanischen Gesätze bey uns, und wäre deine Frau etwas jünger, so konnte vielleicht dir und mir geholfen werden.

Byron. O unstreitig! Graf.

Graf. Den Weibern würde das sehr gelegen seyn.

Baron. Woher weist du das?

Graf. Die meinige, so viel ich weiß, fragt den Henker nicht nach mir, und ich glaube, die deinige wirds nicht besser machen, und vermuthlich machen Sie es alle so.

Baron. Das folgt nicht. — Aber was willst du nun mit deiner Frau anfangen. Der kleine Zwist wird wohl bald wieder beygelegt werden, wie alle andere.

Graf. Von meiner Seite gewiß nicht. Ich habe mir vorgenommen heute gar nicht mehr mit ihr zu reden, und wenn ichs thue, so muß Sie mich erst um Vergebung biten, ehe ich ihr verzeyhe.

Baron. Pfuy, das heißt, wie die Kinder
spie-

spielen, sich zanken, und dann bitten, und küssen, und wieder gute Freunde werden. Nein Graf, wenn du dich als ein Mann betragen willst, so mußt du zeigen, daß du ihren kleinen kindischen Muthwillen nicht achtest, du mußt dich nicht weiter drum bekümmern. Wäre ich an deiner Stelle, ich thätte, als ob gar nichts vorgegangen wäre. Macht Sie ein finster Gesicht, so mußt du lächeln, und fragen, wie ihr das Band an deinem Degen, oder die Spitzen von deinen Manschetten gefalle oder sonst so eine Kleinigkeit. Eine Antwort muß Sie dir doch geben, ist es eine unfreundliche, so lache du ihr ins Gesicht, nimm deinen Huth, und wünsche ihr einen guten Morgen; antwortet Sie mit Humor, so thue nicht als ob du es hörtest, sondern gehe in dem Zimmer herum, und trillere ein Liedchen für dich, dann als ob du Sie vorher gar nicht bemerkt hättest, sprichst du mit mir Kind! und nun, ohne ihre Antwort zu erwarten, zum Zimmer hinausgewischt, und immer für dich getrillert. — Siehst du, wenn Sie das nun auch den Leuten wider erzählt, so hat das gar nicht das Ansehen einer üblen Begegnung, und doch stehe ich dir dafür, es demüthiget sie mehr, als alles Gepolter.

Graf. Ich bin überzeigt, du hast volkommen Recht, Baron, es ist sonnenklar, nur nicht so leicht auszuführen; ich habe gar so ein hiziges Temperament. O was wollte ich
um

um dein erhabenes, kaltes, höhnisches Lächeln geben! — Aber gewis, ich will es versuchen — Ich will auch gleich gehen, und eine Probe machen. Adieu, Baron! ich danke dir für dein Kollegium.

Baron. Wirst du heute Mittags zu Hause speisen?

Graf. Das kann ich noch nicht sagen; ich muß erst rekognoscieren. Ich weis wohl, du speisest nicht zu Hause, und ich esse nicht gerne allein mit den Weibern.

Baron. O ich komme gewis gleich nach Tische wider. Denn ich werde alsdenn sehr begierig seyn zu wissen, wie weit es zwischen dir und deiner Frauen gekommen ist.

Graf. O der Himmel weis, ob es unterdessen nicht gar zu Thätigkeiten kömmt, aber ich will mir nichts abgewinnen lassen. (geht ab)

Vierter Auftritt.

Baron Bernberg, hernach ein Bedienter.

Baron. Wenn er meinem Rathe folgt, so deucht mich soll Sie ihm vom Herzen gram werden; und dann werffe ich mich zu ihrem Tröster auf.

Bediente. Es ist ein Mädchen da mit einem Brief, Sie sagt, Sie müsse ihn Euer Gnaden selbsten überreichen.

Byron. Gut, führe Sie auf dein Zimmer,

ich)

ich werde gleich nachkommen. (der Bediente geht ab) Ohne Zweifel eine Post von meiner schönen Engländerinn, ach! wenn ich nur Geld genug hätte! (will abgehen, zu gleicher Zeit tritt die Baroninn mit Fräulein Louisen ein. Der Baron etwas verlegen,) Itzt habe ich keine Zeit — es ist der Schreiber meines Advokatens da — ich habe sehr nothwendig mit ihm zu reden, — ich komme gleich wieder zurück. (geht ab)

Fünfter Auftritt.

Die Baroninn Bernberg, Fräulein Louise.

Baronin. Nun, liebstes Kind! Lasse dich nicht so sehr von deinen Grillen beherrschen, du weißt, dein Vater leidet keinen Widerspruch. Es ist zwar wahr, der Obriste ist nicht mehr in der Blüte, seiner Jahre, aber doch nicht ganz und gar unangenehm. Was ist dir denn so sehr an ihm zuwider?

Louise. Ach gnädige Mamma! der Pomp, und die närrische Art seiner Ausdrücke, sein feierliches Wesen ist sehr lächerlich.

Baronin. Er affectiert ein wenig, ich gestehe es.

Louise. Und dann sind seine Begriffe von der Liebe so ausschweiffend, seine Schmeicheleyen so abentheuerlich. Er war in Gräfinn
Hell=

Hellborn verliebt, sein närrisches Wesen belustigte Sie, und deßwegen ertrug Sie es. Man hat mir erzählt; er habe halbe Tage zu ihren Füssen geseufzt, und wenn er den geringsten Fehler begangen, so habe Sie ihm eine Strafe auferlegt, die der Obrist allemal für ein Merkmal ihrer Gewogenheit aufgenommen.

Baroninn. Es thut mir leid meine Tochter, daß er dir so wenig gefällt. Allein dein Vater will durchaus, daß du ihn zum Manne nehmen sollst, du kennest ihn, deine Einwendungen würden ihn zum Zorn reitzen.

Louise. Allerliebste Mamma! Ich weis, daß ich es nicht wagen darf meinem Vater mein Herz zu entdecken, nehmen Sie mich in ihrem Schutz; Unsre Herzen sind sich, Ihre mütterliche Zärtlichkeit ausgenommen, viel ähnlicher. Sie können eher meine Vertraute seyn, als er, das Ansehn einer Mutter verliehrt sich in die Güte einer Freundinn. Meines Vaters Strenge ist mir jederzeit unerträglich gewesen.

Baroninn. Louise! Du must deines Vaters Fürsorge für dein Glück nicht mit einem so harten Namen belegen. Ich habe schon alles versucht aber er läßt sich von seinem Entschluß gar nicht abbringen. Er wird bald wieder zurück kommen; Ich bite dich, liebstes Kind, zeige ihm durch deinen Gehorsam, daß meine

B Ver=

Vermittelung nicht fruchtlos gewesen ist. Ich will dich mit ihm allein lassen, ich gehe.
(Sie geht ab)

Sechster Auftritt.

Fräulein Louise.

Louise. (Sie sieht der Baroninn traurig nach) Sie geht! und läßt mich allein, mich allein mit meinem Vater — und er ist immer so mürrisch! — Was soll ich thun? Bleibt mir dann gar keine Wahl weiter übrig? — Gott! was wird aus mir werden! (Sie steht in Gedanken)

Siebenter Auftritt.

Fräulein Louise, Baron Bernberg.

Baron. (tritt herein, bleibt an der Thüre stehn, ohne daß Sie ihn gewahr wird) Nun! womit beschäfftigt sich dein zärtliches Herzchen? Unstreitig mit deinem Geliebten? — Dachtest du nicht an den jungen Waldburg.

Louise. Nein, gnädiger Papa! daran dachte ich nicht.

Baron. Du sagst mir nicht die Wahrheit — Sieh mich einmal an Mädchen! — Louise, Louise, die Röthe verräth dich. Aber es ist

ist doch gut, daß du noch roth werden kannst.

Louise. Wenn ich erröthe, so bin ich mir dabey nichts bewust, als die Furcht Sie zu beleidigen.

Baron. Wie unschuldig! — der Gehorsam selber, ich wette. Ich kann die Heucheley vor mein Leben nicht Leiden, du weißt wohl, daß du im Grunde des Herzens ein kleiner Rebelle bist. Nun sage mir einmal offenherzig, würdest du nicht noch heute mit dem jungen Waldburg davon lauffen, wenn es in deiner Macht stünde?

Louise. Gnädiger Papa! Ich — ich —

Baron. Gnädiger Papa! Ich — ich — heraus mit der Sprache Fräulein!

Louise. Wenn ich ihre Genehmigung hätte, so gestehe ich, ich wäre — geneigt — ihn jedem andern vorzuziehn.

Baron. Vortreflich! Aber nun, ohne meine Genehmigung — was gibt dir in diesem Falle deine Bescheidenheit und dein kindlicher Gehorsam für eine Antwort ein?

Louise. Das ich ohne diese nie jemanden heirathen werde.

Baron. Ich glaube keine Sylbe davon! Aber ich halte dich beym Worte; und sage dir so viel, eine Heirat mit ihm werde ich nie genehmigen — Wie schmeckt das deinem zärtlichen Herzen?

Louise. Ich ergebe mich gänzlich in ihren

Wil=

Willen. (Sie verbeugt sich, und will gehn, er sieht ihr nach und läßt Sie bis an die Thüre gehn)

Baron. Ich ersuche Sie Mademoiselle mir die Ehre ihrer Gegenwart noch etwas länger zu gönnen, wenn anders ein Herz, daß die Liebe geadelt hat, sich zu den Errinnerungen eines Vaters herablassen kann. — Was hängt die Närrinn den Kopf? Was fehlt dir? — Ich glaube gar du weinst — Wahrhafftig Louise das müßte dir recht artig stehn.

Louise. In der That Sie verfahren sehr grausam mit mir.

Baron. Wie Mademoisell, was unterstehen Sie sich zu sagen? Was nennen Sie Grausamkeit? Die Liebe, sagt man, macht manche Thiere verwegen, die Mädchen macht Sie gar tolle.

Louise. Gnädiger Herr, erlauben Sie mir, mich zu entfernen.

Baron. Da geblieben Mademoisell! — wenn ich mit dir zu sprechen geruhe, so dächte ich, es wäre deine Pflicht auf das zu hören, was ich sage. Du weißt nun schon meine Meinung in Ansehung des jungen Waldburg — ja seufze nur, aber merke wohl auf, was ich sage! ich verbiete dir, auch nur an ihn zu denken, das ist der erste, und vielleicht der härteste Theil meines Befehls. Der andere ist, daß du dich sogleich entschliessen sollst, den Obristen zum Manne zu nehmen.

Und

Und nun Fräulein, können Sie sich in ihr Zimmer begeben, und in Versen oder Prose ihr grausames Schicksal beweinen. (Sie will ihm die Hand küssen, er zieht Sie zurück) Geh, geh! (Louise geht ab)

Achter Auftritt.

Baron Vernberg, hernach Karl.

Baron. Ja, so ist man geplagt, wenn man Töchter hat, wahrhaftig, kaum haben Sie die Amme verlassen, so sind Sie auch schon verliebt. Ach Karl! es ist mir lieb, daß du kömmst. Das närrische Mädchen hat mich so konfus gemacht, ich brauche eine Erholtung.

Karl. Ich sah meine Schwester in Thränen — ich will nicht hoffen, gnädiger Herr, daß Sie sie womit beleidiget hat.

Baron. O! eine Kleinigkeit! — Sie gestand nur eine Liebe für einen Burschen, der nicht einen Kreutzer im Vermögen hat, und bezeigte das äusserste Misfallen über die Wahl ihres Vaters.

Karl. Sie wird es schon noch besser überlegen. Ich weis gewis, meine Schwester wird ihnen gern in allen Dingen gehorchen.

Baron. Ja, wenn Sie ihren Vater so sehr liebte, wie du, so würde Sie mir blindlings gehorsamen. Ich kenne dein zärtliches Herz,

Karl!

Karl! nicht wahr, wenn es in deiner Gewalt stünde mein Gemüth zu beruhigen und meine Umstände zu verbessern —

Karl. O! wäre das möglich, gnädiger Papa! Sie sollten sehn, wie bereit ich seyn würde, diese Gelegenheit zu ergreiffen — Aber ich förchte, daß jetzo gar nichts in meiner Gewalt steht.

Baron. Du irrest dich. Es giebt Mittel und Wege? Unsre Umstände auf einmal wieder gut zu machen, und eben darüber habe ich schon lange mit dir reden wollen. — Ich kenne eine gewisse sehr reiche Wittwe, mein Sohn, — wie, du hängst schon den Kopf? Da ich kaum von ihr anfange? Das ist ein böses Zeichen!

Karl. Ich glaube nicht, daß unsre Umstände je durch so ein Mittel verbesseret werden können.

Baron. Warum nicht? Gesetzt Gräfinn Hellborn, die von ihrem Gütern zwanzig, und von ihren Kapitalien dreyßig tausend Gulden jährliche Einkünfte hat, hätte ein Auge auf dich geworffen, wäre das kein Mittel? — Du kennest Sie, Karl, sag, wie gefällt Sie dir?

Karl. Sie sieht ganz hübsch aus, daucht mich — Ich habe ihre Gesichtszüge nie so genau untersucht.

Baron. Das wundert mich; du besuchst Sie doch zuweilen, wie ich weiß.

Karl.

Karl. Ich gehe in ihr Haus, mein Vater! aber ich besuche — ihre jüngere Schwester, und diese ist ein Engel.

Baron. Ach! der ihre Gesichtszüge scheinst du also etwas näher untersucht zu haben.

Karl. Ich kenne Sie schon sehr lange. Fräulein Rentheim ward vor einigen Jahren zur Erziehung hieher gebracht, da lehrnte ich Sie kennen. Ihre Schwester, die den Grafen Hellborn geheirathet hatte, hielt sich damals in Böhmen auf, und wuste wenig von ihr, bis Sie nach dem Tode ihres Mannes hieher kamm, und das Fräulein unter ihre eigene Aufsicht nahm.

Baron. So, wie ich merke, weist du ihre ganze Geschichte?

Karl. Ja gnädiger Herr! der Theil der Geschichte, der das Fräulein angeht, ist sehr traurig. Ihr Vater war gegen seine älteste Tochter so partheyisch, daß er ihr den grösten Theil seines Vermögens mitgab, und was der jüngern anheim fiel, hatte Sie noch dazu das Unglück durch den Banquerout eines Kaufmannes zu verliehren, dem Sie es anvertraut hatte.

Baron. Du bist besser von ihren Umständen unterrichtet als ich, wie ich sehe. — Aber was denkst du von Gräfinn Hellborn?

Karl. Was ich von ihr denke? — Ich weiß in der That nicht, was ich von ihr denken soll.

soll. — Die Gräfinn hat ihre Verdienste, aber —

Baron. Die verfluchten Aber! Wollt ihr mich denn alle beabern? Da kömmt erst deine Mutter, und versichert mich, sie lasse sich alles gefallen, was mir beliebe, aber sie hält es für grausam der Neigung eines jungen Mädchen Gewalt anzuthun — dann deine Schwester — Sie ist ganz Gehorsam und Ergebenheit — aber, leider! hat sie schon ihr Herz verschenkt — Und nun du, du bist willig und bereit mir einen Gefallen zu erzeigen; — aber — vermuthlich willst du dem unerachtet selbst eine Wahl treffen.

Karl. In der That gnädiger Herr, Sie betrüben mich, wenn Sie im geringsten an der Ehrfurcht zweiflen, die ich jederzeit gegen Sie gehegt, und ewig hegen werde. Allein, wenn Tugend, Schönheit, und wahre Unschuld ein Herz verdienen, so hat Fräulein Rentheim ein Recht auf das meinige, und ich gestehe es, sie besitzt es ganz. Dennoch wünschte ich, das Unglück — da es einmal eins seyn solle — wäre nur dabey geblieben. Aber —

Baron. Was aber?

Karl. Gnädiger Herr! — Sie liebt mich wieder.

Baron. Das thut mir leid — Ach Karl! Karl! ein schönes Gesichtchen wird unsre Güter nicht einlösen.

Karl. Erst itzt fange ich an ihren Mangel an

an Reichthümern zu beklagen. Zwar kannte ich den gleich anfangs, aber ich hofte noch immer einst in den Stand zu kommen, Sie nach ihren Verdiensten —

Baron. Wie? eine Betlerinn zu heirathen?

Karl. Brauchen Sie kein so hartes Wort, mein Vater! Sie verdient einen weit höhern Stand, als den, zu dem ich Sie erheben kann. Was ist ein Titel, wenn man dabey, wie ich, von allen anderen entblößt ist?

Baron. Dieser Vorwurf ist nicht großmüthig, Karl! aber ich habe ihn verdient.

Karl. Verzeihen Sie, gnädiger Herr, das meinte ich nicht.

Baron. Und wenn du es auch meintest, mus ich dir es verzeihn — doch nichts mehr davon. Ich will in einem so zärtlichen Punkt nicht heftiger in dich bringen. Gehe, mein Sohn! auf den Abend sehe ich dich wieder. (Karl geht nach einer tiefen Verbeugung ab)

Neunter Auftritt.

Baron Bernberg.

Baron. Die Standhaftigkeit des jungen Menschens schreckt mich ab. Ich sehe wohl, es wird unmöglich seyn, ihn in Ansehung seines eignen Nutzen zu dieser Heirath zu bewegen, und habe ich wohl ein Recht, meines Vortheils wegen eine solche Probe von Zärtlichkeit und Großmuth von ihm zu fordern. (er sieht nach der Uhr) Doch es ist spät, ich muß gehn. (er geht und unter der Thür schreyt er) He! meinen Huth, meinen Degen.

Ende des ersten Aufzugs.

Zweyter Aufzug.

Das Theater stellt vor das Zimmer des Grafens.

Erster Auftritt.

Graf Wintersfeld noch im Anziehen begriffen, ein **Bedienter**.

Graf. Ist meine Frau wieder nach Hause gekommen?

Bedienter. Die Gräfinn war gar nicht ausgegangen.

Graf. Nicht ausgegangen? ich dachte, Sie hätte auswärts gespeiset.

Bedienter. Nein, Ihro Hochgräfl. Gnaden! Sie befahl nur ihrer Jungfer so zu sagen, weil Sie keine Lust hatte zu Tische zu gehn.

Graf.

Graf. Geh in ihr Zimmer Johann! und sage, ich möchte Sie gerne sprechen, — wegen einer nothwendigen Sache, sage nur.

(der Bediente geht ab)

Zweyter Auftritt.

Graf Wintersfeld.

Graf. Nun will ich des Barons Leckfion probieren — Wenn ich nur den Ton recht treffe. — Ich will anfangs nicht thun, als ob ich Sie sähe — doch wenn Sie itzt käme, bey meiner Treu, das verrückte mir mein ganzes Koncept. — wahrhaftig, da ist Sie.

Dritter Auftritt.

Der Graf, die Gräfinn.

Gräfinn. (mit einem Arbeitsbeutel in der Hand, ganz verdrüßlich.) Wozu brauchen Sie mich Graf?

Graf. Ich Sie brauchen? ich wüßte in der That nicht, wozu Sie in ihrem Leben nütze gewesen wären.

Gräfinn. Warum schickten Sie denn den Augenblick nach mir, und liessen mir sagen, daß sie was nothwendiges mit mir zu sprechen hätten? ich wäre sonst gewis nicht gekommen, das versichere ich Sie.

Graf.

Graf. (für sich) Wahrhaftig, ich glaube, ich habe das Ding unrecht angefangen, es hätte alles, wie von ohngefähr geschehen sollen. Was werde ich ihr nun sagen? — Wie gefällt dir dieses neue Kleid, mein Schaz; macht es nicht rechten staat?

Gräfinn. Und das war alles, was du mit mir zu reden hattest? (will wieder gehen)

Graf. (hält sie zurück) O Madam! Sie dürffen nicht eher fort, als bis Sie mir erst meine Frage beantworttet haben! Wie es ihnen beliebt, höflich oder unhöflich, ich bin itzt auf beydes gefaßt.

Gräfinn. Und denken Sie mit diesen Grimmassen ihr Betragen von heute früh wieder gut zu machen.

Graf. (geht auf und nieder und singt)
Ihr Götter schenktet mir ein Weib.
Aus großer Gunst zum Zeitvertreib;

Gräfinn. Aber so viel kann ich ihnen sagen Graf, ich habe keine Lust eine solche Begegnung länger zu ertragen, und mich auf diese Art hudeln zu lassen.

Graf. Reden Sie mit mir Madam?

Gräfinn. Mit wem denn sonst?

Graf. Ich schwöre dirs Kind! ich wuste nicht, daß du hier wärest.

Gräfinn. Diese lächerliche Affecktation kleidet dich gar nicht, das versichere ich dich.

Graf. (vor sich) O nun fängts an zu operieren, wenn ich nur kalt bleiben kann (er singt)
Ihr

Ihr Götter schenktet mir ein Weib
Aus grosser Gunst zum Zeitvertreib.
Doch, wenn zu einem bessern Glück
Sie eure Güte will erheben,
Gehorch ich gern! nehmt Sie zurück!
Ich hoffe ohne Sie zu leben.

Gräfinn. Abgeschmackt!

Graf. (kommt ihr sehr nahe) Ohne Sie zu leben, ohne Sie zu leben. (singend)

Gräfinn. (stoßt ihn von sich) Einfältig.

Graf. (aufgebracht) Fort, wieder in ihr Zimmer. Sogleich den Augenblick. Und lassen Sie sich das ein für allemal sagen, Sie dürffen sich nicht wieder unterstehn in das Zimmer zu kommen, wo ich mich anziehe,— Eines Mannes ernsthafte Stunden müssen nicht durch weibliche Unverschämtheiten gestöret werden.

Gräfinn. Eines Mannes ernsthafte Stunden, ha, ha, ha,

Graf. Solche freche Minen schicken sich gar nicht für Sie, doch so ein albernes Ding ist meines Zornes nicht werth. Gehen Sie mit ihrem Spielwerke da, ich habe mir vorgenommen alleine zu seyn.

Gräfinn. Nun so bleibe ich ihnen zum Trotz da.

Graf. So will ich ihnen den Gehorsam lehren, den man den Befehlen eines Mannes schuldig ist.

Gräfinn. Eines Mannes! der Himmel behü-

hüte einen für so einen Manne. Ein Feder=
ball möchte sich eher für Sie schicken, als
eine Frau.

Graf. Und erlauben Sie mir Euer Nase=
weisheit zu sagen, eine Docke gehörte eher für
Sie, als ein Mann. Da haben Sie es wieder.

Gräfinn. Sie bleiben doch Zeitlebens ein
Kind.

Graf. Und Sie Zeitlebens eine Närrinn,
Frau Schnips.

Gräfinn. So bin ich eben die rechte Gesell=
schaft für Sie.

Graf. Husch! husch, husch, husch!

Gräfinn. Sie sind sehr höflich, Graf! ha=
ben Sie je gesehen, daß Baron Bernberg so
mit seiner Frauen umgeht?

Graf. Und haben Sie je gesehen, daß die
Baroninn so mit ihrem Mannne umgegangen
ist, weil wir nun einmal das Exempel neh=
men wollen. Der Henker hohle mich, ein
Mann thäte besser, er würde ein Galeeren=
sclave, als daß er ein einfältiges Ding hei=
rathete, die zu nichts nütze ist, als Knot=
ten zu schlagen, oder Gold zu zupfen.

Gräfinn. Und ich schwöre, eine Frau thät=
te besser Sie würde eine Bänkelsängerinn,
als daß sie einen jungen Laffen heirathete,
der Zeitlebens das Schulbuch auf dem Rücken
tragen sollte.

Graf. Der Teufel hohle mich, ich hätte
gro=

große Lust alles das Porcellain zu zerschla=
gen, das du diesen Morgen gekauft hast.

Gräfinn. O ja, thue doch das, und ma=
che dir eine Spielerey daraus, du liebes
Kind!

Graf. Eine höhnische, impertinente, klei=
ne. —

Gräfinn. Was, du unterstehst dich mich
zu schimpfen? Ich will mich nicht schimpfen
lassen, das sage ich meinem Papa, ja, das
will ich thun.

Graf. O du schönes Herzchen du! lache,
und heule ein Bischen dazu.

Vierter Auftritt.

Baron Bernberg, und die Vorigen, hernach ein Bedienter.

Graf. (zur Gräfinn) Schäme dich doch,
wische dir die Augen aus, lasse dich nicht so
vor ihm sehen.

Gräfinn. (weinend) Ich frage viel dar=
nach, wer mich sieht, ich wills nicht länger
leiden. Ich will an meinem Papa schreiben,
er soll mich abhohlen lassen. Ich will noch
diesen Abend zu meinem Onkel den Obrist
Waldburg gehen.

Baron. Schönste Gräfinn, es thut mir
leid, Sie in Thränen zu sehen, ich wuste
nicht, daß Sie zu Hause wären — Graf ich
bi=

bite dich um Vergebung, vielleicht bringe ich mich hier zur ungelegnen Zeit ein. Sie haben doch, hoffe ich, keine traurige Neuigkeiten gehört?

Graf. Neuigkeit? Nein, nein, es ist hier gar nichts neues, das versichere ich dich, Baron!

Baron. Wenn daß ist Graf, so förchte ich, du hast hier etwas nicht recht gemacht.

Gräfinn. (schluchzend) In Wahrheit, Baron! er machts immer nicht recht.

Graf. Ja, wenn du ihr glauben willst.

Baron. Sehr gerne möchte ich eine Mitelsperson zwischen euch machen, aber wie soll ich es anstellen, wenn ihr mir nicht die Ursache euers Streits erzählet.

Graf. Ich muß dir also sagen —

Gräfinn. Nein, ich will ihnen sagen, Baron —

Graf. Nun, da siehst du —

Gräfinn. Er schickte nach mir —

Graf. Ich? Wahrhaftig nicht, Baron!

Gräfinn. Ja, du schicktest nach mir, nur um mich zu quählen, und mir Unsinn vorzusagen.

Baron. O! pfuy! konntest du die Gräfinn nicht besser unterhalten, als mit Unsinn? (still zum Grafen) eine traurige Erzählung!

Graf. Wahrhaftig, Baron, ein Mann muß sich zuweilen einen kleinen Spaß machen, das Leben wäre sonst gar unerträglich.

Grä-

Gräfinn. Und da lief er herum und brummte ein albernes Lied daher, um mir zu verstehen zu geben, daß er meiner gerne loß seyn möchte.

Graf. Ein blosser Scherz, Baron, doch das versteht Sie nicht.

Gräfinn. Ich hätte mir aus dem allen noch nichts gemacht, denn ich konnte ihm seine höhnische Minen alle wieder geben, wenn er mir nur nicht zu letzt gar Namen angehängt hätte, rechte schimpfliche Namen, aber ich will der ganzen Sache bald ein Ende machen. (Sie geht vor dem Spiegel, und troknet sich die Augen).

Baron. Sehr unrecht, sehr unrecht! (bey Seite) Ist das der Rath den ich dir gab?

Graf. Du kannst es gar nicht glauben, wie sehr Sie sich mich reitzte.

Gräfinn. Mein Vater wird mich hofentlich sehr gerne wieder nach Hause nehmen.

Baron. (zum Grafen) Dahin darf es nicht kommen, aber lasse dich ja nicht soweit herab, Sie zu biten, daß Sie da bleiben soll, ich will Sie schon zu bereden suchen.

Graf. O! Sie ist ein Zankteufel! (die Gräfinn klingelt).

Baron. Ich will deine Autorität aufrecht erhalten, wenn du mir nur Gelegenheit geben willst mit ihr allein zu reden.

Gräf. Wahrhaftig das habe ich längst gewünscht

wünscht, dann ich bin den Kampf schon ganz satt. (ein Bedienter kömmt)

Gräfinn. Sind meine Sesselträger noch nicht hier?

Bediente. Nein Euer Hochgräfliche Gnaden!

Gräfinn. So bald Sie kommen, so melde es mir. (der Bediente geht ab)

Baron. Sie wollen gewiß heute Wisiten machen?

Gräfinn. Ich will nur zu meinem Onkel gehn, es gehört sich doch, daß ich ihm von meinem Entschluß Nachricht gebe.

Baron. (zum Grafen) Geschwind sinne eine Entschuldigung aus, und verlasse uns, oder es ist alles verlohren.

Graf. Ja, das will ich, du sollst sehn. — Mein Seele, ich bin der sinnreichste Mensch von der Welt. (nimmt seine Schreibtafel, lißt, hernach zum Baron) Baron! wirst du mir wohl meine Unhöflichkeit verzeihn, wenn ich davon lauffe. Ich muß dir aber auch zeigen, was ich für ein Engagement habe, und was wird mich hoffentlich entschuldigen — Mittwochs halb sechs Uhr — du siehst, es ist beynahe so viel.

Baron. Hm! Hm!

Graf. Vielleicht bleibe ich nicht lange aus. Es thut mir leid Baron, daß ich dich so alleine lassen muß. (geht ab ohne die Gräfinn anzusehen)

Fünf-

Fünfter Auftritt.

**Baron Bernberg, Gräfinn Winters-
feld, hernach ein Bedienter.**

Baron. (bey Seite, doch daß Sie es hören muß) Mich alleine lassen! Ich wünschte,
daß er nur in eine halb so gute Gesellschaft
gienge, als die, in der er mich läßt.

Gräfinn. Was sagen Sie Baron?

Baron. Nichts, gar nichts. Ich bedaur-
te blos den Grafen, daß er fortgehn, und
mich in so guter Gesellschaft lassen muß.

Gräfinn. Ach Baron! in seinen Gedanken
bin ich niemand. Aber in der that in meinem
itzigen Zustande bin ich einem jeden eine be-
schwerliche Gesellschafterinn; Sie werden mir
also verzeihen, wenn ich mich beurlaube.

Baron. O! ein Viertelstündchen, gnädige
Gräfinn! könnten Sie doch von ihren Geschäf-
ten abbrechen.

Bedienter. Der Graf hat sich im Sessel
austragen lassen, und gesagt Ihro Hochgräflichen Gnaden sollten den Wagen nehmen. Soll
ich anspannen lassen?

Gräfinn. In meinem Sessel sich austragen
lassen? Nun da sehen Sie, Baron! haben
Sie je dergleichen gehört? Ich will den Wagen nicht, hohle mir einen andern Sessel.
(der Bediente geht ab) Aber Baron! wo
mag wohl mein Mann hingegangen seyn, er
wies ihnen ja seine Schreibtafel.

Baron. Wo er hingegangen ist — mich daucht in Affairen.

Gräfinn. Affairen? Ich wüßte nicht, was er für welche hätte. Es ist sicher ein ander Art von Engagement.

Baron. Ich weis es nicht — vielleicht zum Spiel.

Gräfinn. Da würde er gewiß nicht so geeilet haben, es ist ja noch früh.

Baron. Itzt errinnere ich mich. Er wollte unterwegs noch etwelche Personen zur Gesellschaft anwerben, und mit ihnen hingehn; ja, das war die ganze Sache.

Gräfinn. Das war es auch nicht, ich weiß es gewiß. Ich hörte Sie ja sagen, Sie wünschten, daß er nur in eine halb so gute Gesellschaft gienge, als die, in der er Sie gelassen.

Baron. Und das sage ich auch noch. Lassen Sie ihn hingegangen seyn, wo er hin will. Der Graf hat einen verderbten Geschmack.

Gräfinn. Gewiß ist er zu einer von seinen Theaternymphen gegangen, Sie dürffen es keck sagen, ich liebe ihn viel zu wenig, als daß ich darüber eifersüchtig seyn sollte.

Baron. (bey Seite) Aber das wünschte ich eben, das würde meine Absicht sehr befördern. (laut) In der That, schönste Gräfinn, ich kann eben nicht sagen, daß der Graf ihrer so vollkommen würdig wäre, als ich wünschte. Aber es ist noch ein blosses Kind, von dem man nicht erwarten kann, daß ihn ihre Verdienste so lebhaft rühren sollen, als andere, die mehr Erfahrung unter dem schönen Geschlechte besitzen.

Gräfinn. Ich werde am längsten bey ihm gewesen seyn, das ist noch mein Trost.

Baron. Aber liebste Gräfinn überlegen Sie doch, was die Welt von diesem Schritt urtheilen wird. Sie sind noch ganz neu verheirathet, was werden die Leute von dieser Trennung denken? Niemand macht ihnen den durchdringendsten Verstand streitig. Ihre körperlichen Reize werden von allen bewundert, die Sie kennen. Die Schande würde alsdann ganz allein auf den armen Grafen fallen.

Gräfinn. Das gilt mir einerley.

Baron. Er verdient es, ich kann es nicht läugnen. Aber erlauben Sie schönste Gräfinn, daß ich ein wenig mit ihnen darüber philosophiere, denn Sie sind eine einsichtsvolle Dame. Meinen Sie, daß nicht ein kleiner Theil der Vorwürfe auch Sie treffen werde, weil Sie sich nicht bemüht haben, wenigstens noch eine kurze Zeit mit seiner Unbesonnenheit Geduld zu haben. Jedermann weis, wie sehr Sie ihm an Klugheit überlegen sind, und man wird daher auch mehr von ihnen erwarten.

Gräfinn. Sie machen mir ein Kompliment Baron, das ich nicht verdiene.

Ba=

Baron. Auf meine Ehre nicht. Unter uns gesagt, der Graf wird für einen Mann von ihr geringen Vorzügen gehalten, man hielte es für eine Art von Aufopferung, als Sie sehn heiratheten — doch um alles in der Welt würde ich das niemand als ihnen sagen.

Gräfinn. Sie sind gar zu gütig, Baron!

Baron. Sie besitzen zu viel Verstand, als daß Sie von meinem Bekänntniß einen üblen Gebrauch machen sollten. Man muß mit einem rohen jungen Menschen Nachsicht haben. O allerliebste Gräfinn, eine schöne und geistvolle Dame ist nur ein Kleinod für einen Mann von Einsicht und Geschmack.

Bediente. Ihro hochgräfliche Gnaden, der Sessel ist hier.

Gräfinn. Er soll warten. (der Bediente geht ab)

Baron. (bey Seite) Noch eine Dosin von der herzstärkenden Schmeicheley, und alle stürmische Leidenschaften sollen sich legen.

Gräfinn. Was wollten Sie sagen, Baron?

Baron. Ich glaube, ich wollte sagen — wenigstens dachte ich es, daß Sie —.

Gräfinn. Und was denn?

Baron. Als ein reitzendes Frauenzimmer, wenn Sie sich aller ihrer Vorzüge bedienten —

Gräfinn. Je nun, aber das gehört ja gar nicht zur Sache. Was rathen Sie mir nun, daß ich mit dem närrischen Knaben anfangen soll! denn ich wollte auch nicht gerne, daß
man

man mich für dumm halten sollte. Ich weis gewiß, wenn er so vernünftig mit mir redte, wie Sie, er könnte mit mir machen, was er wollte.

Baron. O wie reizend! Sie mögen mit ihm machen, was Sie wollen, nur nicht von ihm trennen müssen Sie sich, denn das hieße allen neidischen Fräulein in der Stadt eine Freude machen, Sie haben so schon prophezeyt, Sie und ihr lieber Gemahl würden sich zanken, ehe vier Wochen ins Land giengen, und jedes weinend zu seiner lieben Mamma nach Haus lauffen.

Gräfinn. Das haben die boshaften Kreaturen gesagt, ich will ihre Prophezeyhung zu Schande machen. — Aber was fange ich an, Baron? mein Mann ist so unerträglich eingebildet, und naseweis.

Baron. O bekümmern sie sich um ihn nicht, es wird sich schon nach und nach geben. Aber schönste Gräfinn! giebt es nicht andere Ergötzlichkeiten, wodurch sich eine artige Dame für die böse Laune ihres Mannes schadlos halten kann?

Gräfinn. (seufzend) Ich weis keine, Baron!

Baron. Ich könnte ihnen einige nennen, wenn Sie mir erlauben wollten.

Gräfinn. O in der That, das erlaube ich ihnen gerne. — Was für eine schöne Sache ist es nicht um einen guten Verstand, und ein gutes Gemüth! Ihre Gespräche haben mich, ich

weis

weis nicht wie so besänftigt, das so unglück=
lich ich auch bin, so bin ich doch nicht mehr so
misvergnügt, wie zu vor.

Baron. Ach! daß der Graf und ich nicht mit=
einander tauschen können! so würde die liebens=
würdigste Dame gewis auch die glücklichste seyn.
(küßt ihr die Hand)

Gräfinn. Himmel! was bedeutet das?

Bedienter. Der Obrist Waldburg ist da,
und wollte gerne seine Aufwartung machen.

Gräfinn. Führt ihn hieher (der Bediente
geht ab) O das freut mich!

Baron. (bey Seite) Mich gar nicht.

Gräfinn. Nun bin ich doch der Mühe über=
hoben diesen Abend zu ihm zu gehen.

Baron. O ich bite Sie, liebste Gräfinn!
sagen Sie ihrem Onkel nichts von alle dem
was zwischen ihnen und den Grafen vorge=
gangen ist. Ich will ihnen ein andermal
wichtige Bewegungsgründe sagen. Vermag
ich so viel bey ihnen?

Gräfinn. Nun Baron, ihnen zu gefallen,
will ich es nicht thun.

Baron. (küßt ihr die Hand) Wie gütig!
wie liebreich!

Gräfinn. Aber sie müssen mir hernach auch
sagen, was sie mir versprochen haben.

Baron. Itzt nicht, schöne Gräfinn! Bey ei=
ner andern Gelegenheit aber, will ich ihnen rech=
te Wunderdinge sagen.

Sech=

Sechster Auftritt.

Der Obrist Waldburg, und die Vorigen.

Gräfinn. Ihr Dienerin, Herr Onkel?

Baron. Herr Obrist! ihr unterthäniger Diener.

Obrist. Ohne Komplimente, Herr Baron! ich schätze mich ausserordentlich glücklich bey der angenehmen Hofnung, Sie in vollkommenem Wohlseyn zu finden.

Baron. Ich danke ihnen Herr Obrist. Es geht so ziemlich, (vor sich) Was das für Umstände braucht, wenn er eine Frage thut.

Obrist. Und Sie, Niece! Ich versichere ihnen, sie haben den grösten Antheil — wie es denn auch ohnstreitig ihre Verdienste erfordern — an meiner ungeheuchelten Hochachtung, so wie auch mein würdiger Neffe Graf Wintersfeld, den ich würde stolz gewesen seyn, in so guter Gesellschaft zu finden, und dessen Abwesenheit ich für ein Unglück für mich und für ihn halte.

Gräfinn. (bey Seite) Er wird es nicht dafür halten.

Baron. (zur Gräfinn) Stille! stille!

Obrist. Was sagte meine schöne Niece?

Gräfinn. Nichts Herr Onkel!

Obrist. Verzeihen sie, es war mir, als ob sie einige Töne von sich gäben. Nun, Herr Baron, muß ich mich zu nächst erkundigen

— ob ich es gleich die Wahrheit zu sagen, nach allen Regeln einer genauen Lebensart zuerst hätte thun sollen — ich muß mich, sage ich, zu nächst erkundigen, wie sich ihre vortrefliche Gemahlinn, und das schöne junge Fräulein ihre Tochter befinden?

Baron. Beyde zu ihrem Befehl, mein lieber Waldburg.

Obrist. Darf ich so frey seyn, und nach den Taufnahmen des jungen Fräuleins fragen?

Baron. Warum wollen Sie den Nahmen meiner Tochter wissen?

Obrist. Es ist so eine artige Vertraulichkeit dabey, wenn man manchmal den Taufnahme gebraucht, die für einen Liebhaber sehr viel Süssigkeit hat, und als ein solcher Herr Baron wünschte ich mit aller schuldigen Ehrerbietung gegen des Fräuleins grosse Verdienste betrachtet zu werden.

Gräfinn. (bey Seite) Mein Onkel ein Liebhaber von Fräulein Bernberg! ich lache noch überlaut, wenn ich länger hier bleibe.

Baron. Louise, ist ihr Taufnahme, Herr Obrist! und es steht ihnen frey, ihn mit sovieler vertraulichen Zärtlichkeit zu brauchen, als es ihnen gefällig ist.

Gräfinn. Vortreflich Herr, Onkel! wie ich sehe, war diese Visite nicht blos auf mich angesehen. Ich merke wohl, sie haben etwas mit dem Baron zu sprechen, ich will sie also nicht stöhren.

Obrist.

Obrist. Nein, nein, meine liebe Niece! auf meine Ehre, diese Visite gieng sie alleine an, da ich ohnmöglich errathen konnte, daß ich den Herrn Baron bey ihnen finden würde, den ich hernach absonderlich und aparte meinen Respeckt bezeigen wollte.

Baron. Schönste Gräfinn, ich bite tausendmal um Vergebung, wir jagen sie aus ihrem Zimmer. Herr Obrist! wollen sie mit mir in mein Kabinet kommen?

Gräfinn. Nein, nein, sie müssen hier bleiben. Ich will gehn, und sehn, was ihre Frau macht, sie wird so schon denken ich habe mich verlauffen.   (geht ab)

Siebenter Auftritt.

Baron Bernberg, und der Obrist Waldburg.

Baron. Ich versichere Sie, mein lieber Obrist, ich werde mich bey einer Verbindung mit einem Manne von ihren Verdiensten sehr glücklich schätzen.

Obrist. Der Herr Baron erzeigen mir sehr viele Ehre.

Baron. Ich habe mit meiner Tochter von ihnen gesprochen.

Obrist. Von mir Herr Baron?

Baron. Haben Sie es vielleicht nicht haben wollen?

Ob-

Obrist. Die tieffe Ehrforcht, die ich für sie hege, Herr Baron, hindert mich, die Maaßregeln zu tadeln, die ihre Weisheit — als welche ich für sehr groß halte — für nöthig befunden hat. Aber Herr Baron, ich bin ein Mann, der die Methode liebt.

Baron. Ich glaubte Herr Obrist, es würde ihnen angenehm seyn, und die Sache wäre schon so weit —

Obrist. Verstehen sie mich recht, Herr Baron, es ist mir sehr angenehm, und meinen Wünschen vollkommen gemäs, von der Tugendhaften jungen Louise ihrer Fräulein Tochter mit einem günstigen Auge betrachtet zu werden. Aber Herr Baron, ihnen aufrichtig zu gestehn — und die Aufrichtigkeit habe ich stets für eine Tugend gehalten — mein Herz ist jetzt in einem sehr schwankenden Zustande.

Baron. So thut es mir dann leid, daß wir die ganze Sache aufs Tapet gebracht haben. Ich dachte, Sie wären entschlossen. (bey Seite) Ich weis nicht, was der Dummkopf will.

Obrist. Liebster Herr Baron, Geduld! ich bin entschlossen, das heist, mein Wille ist entschlossen, aber der Wille, und das Herz sind, wie der Herr Baron wohl wissen, zwey sehr verschiedene Dinge.

Baron. Herr Obrist! ich sehe es gerne, wenn wir einander verstünden. Ich glaubte, der Gräfinn Hellborn schlechtes Betragen gegen Sie, habe Sie bewogen alle Gedanken

auf

auf Sie fahren zu laſſen; da Sie nun entſchloſſen ſchienen zu heirathen und ſich ſelbſt für einen Anbeter meiner Tochter erklärrten, ſo war ich willens meinen Konſens dazu zu geben, und nun Herr Obriſt, überlegen Sie es wohl mit einem Mädchen von guter Familie und guten Nahmen muß man nicht ſcherzen.

Obriſt. Ich dachte Herr Baron, das Scherzen wäre eben nicht der Fehler des Obriſt Waldburg — In der That Herr Baron, den Vorwurff verdiene ich nicht — und der Herr Baron thäten wohl, wenn Sie nicht vergäſſen, daß ich das Unglück habe, ein etwas hitziges, oder vielmehr ſtürmiſches Temperament zu beſitzen.

Baron. Meine Abſicht war gar nicht, Sie zum Zorne zu reitzen.

Obriſt. Sie ſind der Vater meiner Geliebten, Herr Baron, dieſer Gedanke hält meine Wuth zurück. Aber dieſes Weib — die Gräfinn Hellborn meine ich, denn ich ſehe nun wohl, daß Sie ein Weib iſt, ob ich Sie gleich ſonſt für einen Engel hielt — Sie hat, ſage ich, mir noch nicht den Abſchied in allen Form gegeben, und ehe daß nicht geſchehen iſt, ſo halte ich mich in meinem Gewiſſen verbunden, keinem anderen Frauenzimmer mein Herz und meine Hand anzubieten.

Baron. O Herr Obriſt, ich merke wohl, Sie haben noch immer Luſt nach der Wittwe, und ſehnen ſich nur nach einer guten Gelegengenheit sich bey ihr wieder in Gunst zu setzen — Sie möchten Sie gerne sprechen?

Obrist. Keineswegs Herr Baron! um alle Welt nicht, denn wie ich schon die Ehre gehabt zu sagen, ich möchte mein Herz nicht gerne in eine solche Gefahr bringen.

Baron. Aber, wie wollen Sie sich denn von ihr los machen?

Obrist. Ich habe mir vorgenommen, einen Brief an Sie aufzusetzen, und Sie zu ersuchen, daß Sie mir mit eigener Hand in deutlichen und rechtskräftigen Ausdrücken eine vollkommene und gänzliche Erlassung aller Versprechungen ertheile, die ich ihr jemals gethan habe.

Baron. Das kann ich nicht anderst als billigen, Herr Obrist, Sie handlen nach den Regeln der wahren Ehre. (bey Seite) Ich möchte es auch nicht gerne mit dem Narren verderben. (laut) Ich zweifle nicht, Sie werden von ihrer gebietenden Schönen einen Abschied in aller Form bekommen.

Obrist. Das hoffe ich auch Herr Baron — Aber Sie sehen — wahrhaftig Herr Baron, eher wollte ich mich mit einem Basilisken einlassen.

ein Luſtſpiel.

Achter Auftritt.

Gräfinn Hellborn, und die Vorigen hernach ein Bedienter.

Hellborn. (Sie kömmt eilends herein, ein Bedienter macht ihr die Thür auf. der Obriſt erſtaunt, und tritt zurücke) Baron ich bite um Vergebung, ihr Bedienter ſagte, Gräfinn Wintersfeld wäre hier.

Baron. Dieſes Mißverſtändniß iſt mir ſehr angenehm, da es mir die Ehre verſchaft Euer Gnaden zu ſehen. (zum Bedienten) Geht, und ſagt es der Gräfinn. (der Bediente geht ab) Sie war noch vor einem Augenblick hier. (bey Seite) Ein verdamter Zufall!

Hellborn. Ich bin ganz beſchämt Herr Baron! Ich kamm nur her eine halbe Stunde mit der Gräfinn zu plaudern, und zu verſuchen, ob ich Sie bereden könnte mit mir in die Opera zu gehn, und da mußte ich Sie ſo unverſehens überfallen — Hilf Himmel! der Obriſt Waldburg! Sind Sie es? Wahrhaftig ich hatte Sie nicht geſehen. Wo ſind Sie dann ſeit vier Wochen geweſen? — Baron, Sie müſſen wiſſen, der Obriſt iſt mein Liebhaber.

Obriſt. (kömmt herbey geſchlichen) Daß der Obriſt Waldburg ihr Liebhaber war, gnädige Gräfinn, hat er leider zu ſeinem Unglücke erfahren.

Hell=

Hellborn. Wie Flattergeist, und Sie wären es nicht noch?

Baron. (zum Obristen) Wenn ich ihnen rathen soll, so retirieren Sie sich, so geschwinde als Sie können.

Obrist. Unmöglich Herr Baron, die Zauberkraft ihrer Augen versteinert mich — doch ich will es probieren.

Hellborn. Wie? Ich glaube gar, der Baron ist ihr Gewissensrath, aber ich muß ihnen sagen, er ist auch meiner.

Bediente. Die Gräfinn ist mit der gnädigen Frau ausgefahren.

Baron. Habt ihr nicht gehört, wenn Sie wieder kommen?

Bediente. Nein Ihro Gnaden. (geht ab)

Baron. Ja, ja, wenn Sie einmal ausfliegen, hernach weis der Henker, wenn Sie wiederkommen. (bey Seite) Ich wollte, Sie gienge! (laut) Wollen Sie mir die Ehre erlauben, Sie in die Opera zu führen, schöne Gräfinn? Ich weiß, der Herr Obrist wird mich bey einer solchen Gelegenheit entschuldigen, wenn ich ihn verlasse. Es ist glaube ich schon Zeit.

Hellborn. (sieht nach der Uhr) O liebster Baron! noch um ein Sekulum zu früh. Ich bin so ein ungeduldiges Geschöpfe, ich kann auch nicht eine Minute auf etwas warten, und gehe deswegen niemals eher ins Schauspiel, als bis es angefangen ist. Nicht wahr,

wahr, Herr Obrist, so ists recht? Doch Sie sollte ich nicht fragen, Sie sind so phlegmatisch, Sie könnten wohl bis an den jüngsten Tag auf etwas warten.

Baron. Aber, Gräfinn! Sie machen es mit meinem Freinde auch gar zu arg.

Obrist. O Herr Baron, das ist nur eine geringe Probe, eine Kleinigkeit gegen die Strenge, die ich von dieser grausamen Schönen ausgestanden habe.

Bediente. Es ist ein Herr da, der etwas wichtiges mit Euer Gnaden zu sprechen hätte.

Baron. Ich komme gleich. (der Bediente geht ab. Der Baron bey Seite zu der Gräfinn) Ums Himmelswillen, schöne Gräfinn, lassen Sie den armen Liebhaber nicht länger in Ungewisheit, sondern geben Sie ihm seinen förmlichen Abschied. (laut) Herr Obrist ich empfehle mich auf einige Augenblicke.

(geht ab)

Neunter Auftritt.

Gräfinn Hellborn, der Obrist.

Obrist. Ich werde mir noch die Ehre geben Herr Baron, ihnen einen guten Abend anzuwünschen, ich wollte ohne diß eben gehn..

Hellborn. Nun! Sie werden doch wahrhaftig nicht so unhöflich seyn, und mich alleine lassen. Ich kann nicht fort, denn, weil

weil ich mit der Gräfinn Wintersfeld fahren wollte, habe ich meinen Wagen nach Haus geschickt. Kommen Sie, kommen Sie! sagen Sie mir etwas geistreiches vor.

Obrist. In Wahrheit, diese unerwartete — ja, ich wage es zu sagen, unverhofte Zusammenkunft hat mich in solche Verwirrung gesetzt, daß, so viel ich auch zu sagen habe, ich doch gar nicht weis, wo ich anfangen soll.

Hellborn. Nun, so fangen Sie lieber gar nicht an, denn mich daucht, Sie sind noch immer in größerer Verlegenheit, wie Sie wieder aufhören sollen.

Obrist. Gnädige Gräfinn, ich muß Sie um die Gewogenheit biten, mich anzuhören, und zwar sehr geduldig. Ich nahm mir vor Euer Gnaden meine Gesinnungen in einem Briefe zu eröfnen —

Hellborn. Wenn ich nun aber ihren Brief nicht gelesen hätte, welches sich sehr leicht hätte zutragen können, so würde ich ihre Gesinnungen immer noch nicht wissen.

Obrist. Wenn Sie mich nicht anhören wollen —

Hellborn. Nun nun ich will Sie anhören. Aber drängen Sie das, was Sie mir zu sagen haben, so sehr zusammen, als möglich.

Obrist. Die Ursache, warum ich ihnen damit beschwehrlich seyn muß, gnädige Gräfinn, — wenn Sie es nun einmal eine Beschwerlichlichkeit nennen wollen — ist folgende. Ich habe Euer Gnaden Cour gemacht, das heißt, mich auf eine anständige Art um Sie beworben, und das zwar schon seit sechs Monaten, binnen welcher Zeit Sie mir alle Ermunterung gegeben.

Hellborn. Ermunterung! Ach! ihr Schutzgeister der Tugend beschützt mich! Ermunterung! Herr Obrist! von was vor Art, wenn ich bitten darf?

Obrist. Um Verzeihung, gnädige Gräfinn, keine andere, als die mit Ihrer Sittsamkeit bestehen konnte, keine andere, als die eine so tugendhafte Dame einem so inbrünstigen Liebhaber geben durfte, denn ich gestehe, daß ich dieser gewesen bin.

Hellb. O! Nun verstehe ich Sie. Nun weiter!

Obrist. Einige Zeit genoß ich das Glück einer huldreichen Aufnahme, und hatte Ursache zu glauben, daß meine treue Liebe mit einem glücklichem Erfolg gekrönnet werden würde. Allein plötzlich, und zu meinem größten Erstaunen verschwand der Sonnenschein meiner Hofnung, meine Wisiten wurden nicht angenommen, meine Briefe nicht beantwortet, und endlich mir gar die Thüre verschlossen.

Hellborn. Und das alles hätte ich dem armen Obristen gethan?

Obrist. Und nun gnädige Gräfinn, möchte ich gerne die Ursachen von dieser Begegnung wissen.

Hellborn. Die Ursachen? Ich habe noch in meinem Leben Niemanden von meinen Ursachen Rechenschaft gegeben.

Obrist. Das ist ein wenig sonderbar. Doch wenn Sie sich nicht so weit herablassen wollen, mir von ihrer Grausamkeit Rechenschaft zu geben, so bleibt mir nichts zu verlangen, oder vielmehr zu biten übrig — vergeben Sie mir meinen übereilten Ausdruck — als nur von ihrem eignen Lippen mein Endurtheil zu hören.

Hellborn. O! In den ersten zehn Jahren heirathe ich nicht, Herr Obrist!

Obrist. Das ist eine sehr unbestimmte Antwort. Ich bite mir eine entscheidende zu geben.

Hellborn. Was treibt Sie dann itzt so? Wahrhaftig ich fange an eifersüchtig zu werden.

Obrist. Eine entscheidende Antwort, gnädige Gräfinn.

Hellborn. Ich will was wetten, ich habe eine Nebenbuhlerinn. Treuloser Mann! wie oft haben Sie mir geschwohren bis in den Tod getreu zu bleiben? Aber was konnte ich von so einen leichtsinnigen Menschen erwarten!

Obrist. Leichtsinnig? Leichtsinnig? Dem Vorwurf widerspreche ich gerade zu. Ich bite Sie gnädige Gräfinn, lassen Sie sich zum letztenmal anstehn, erzeigen Sie mir die Gewogengenheit — (er geht auf sie zu und bückt sich tief, sie reißt sich von ihm los, und er behält eine Schleife von ihr in der Hand.)

Hellborn. Hülf Himmel! wahrhaftig, Herr Obrist; Sie wollten mich wohl gar umarmen.

Obrist. Behüte der Himmel! Sie umarmen, erlauben Sie mir, daß ich so frey bin ihnen zu sagen, daß ich mir nie eine so unverantwortliche Freyheit bey irgend einer Dame herausgenommen habe, so lange ich gutes von Bösm zu unterscheiden weiß.

Zehnter Auftritt.

Gräfinn Wintersfeld, die Vorigen.

Gräfinn. Himmel! was geht hier vor? liebste Hellborn, was fehlt dir?

Hellborn. Ich versichere dich, dein Onkel ist so verliebt, man kann nicht sicher mit ihm allein seyn.

Obrist. Gnädige Frau, ich schäme mich in ihren Namen; doch ich bite demüthig um Vergebung, daß ich so frey bin, das zu sagen.

Hellborn. Schämen Sie sich in ihren eigenen Nahmen, Sie haben es sehr Ursache.

Gräfinn. Was ist denn geschehen?

Hellborn. Ach liebste Wintersfeld, ich schäme mich dir seine Aufführung zu erzählen.

Gräfinn. Meines Onkels Aufführung?

Obrist. Meine liebe Niece weiß zu gut, wie an-

anständig ich mich bey allen Gelegenheiten aufgeführet habe, uud ich hoffe ihre lieblose Vorspieglungen werden mir bey ihr nicht nachtheilig seyn. Und nun gnädige Gräfinn bitte ich Sie in Gegenwarth vorbesagter meiner Niece mir eine Entlassung von allen meinen Gelübden, und Versprechungen in aller Form zu geben.

Hellborn. Gelübde sind keine Narrenspossen, und ich weiß nicht, ob ich ihnen ihre Entlassung ohne meinen Schaden geben kann; ich muß erst einen Advokaten fragen.

Obrist. Es thut mir leid, gnädige Frau Gräfinn, aber ich muß gestehn, Sie entfernen sich sehr von der Gewissenhaftigkeit, und den großmütigen Gesinnungen, die sonst die Zierde von dem schönern Theile der Schöpfung sind. Ich bite nur um die Gewogenheit, mir meinen Abschied zu geben, eine Gewogenheit, die mir — ich versichere es ihnen Niece — noch keine Dame jemals versagt hat.

Gräfinn. (bey Seite) Das will ich wohl glauben. (laut) So wahr ich lebe, ich verstehe noch kein Wort von alle dem.

Hellborn. O es ist im Grunde ein Deserteur, das sehe ich wohl, und will nur einen Vorwand haben seinen Eyd zu brechen, aber das Vergnügen will ich ihm nicht machen.

Obrist. Nun, Gräfinn, weil Sie mich denn dazu nöthigen, mit einem Worte, hiemit kassiere ich alle meine Versprechungen —

Hell.

Hellborn. Das steht nicht in ihrer Gewalt.
Obrist. Entsage ihrer Herrschaft —
Hellborn. Das wollen wir sehn.
Obrist. Und gebe alle ihre Gewogenheit auf.
Hellborn. Verstockter Bösewicht!
Obrist. Und nun gnädige Frau Gräfinn entfernt sich meine Person, und mein Herz.
Hellborn. O ihr Herz bleibt da.
Obrist. Nein, beides, das versichere ich ihnen gnädige Gräfinn, und will es einer Schönen darbringen, die es mit mehr Ehre empfangen und mit mehr Dankbarkeit behalten wird. Und nun gnädige Frau Gräfinn bin ich mit der schuldigsten Hochachtung ihr gehorsamster — ob gleich verschmähter — ergebneſter Diener. Niece! ich habe das Vergnügen, ihnen einen guten Abend anzuwünschen. (geht mit viel Komplimenten ab, beyde lachen überlaut.)

Eilfter Auftritt.

Gräfinn Wintersfeld, Gräfinn Hellborn.

Hellborn. (äfft seine Manieren nach, sieht ihm nach, und verbeugt sich sehr tief.) Und ich bezeige ihnen meine aufrichtige Erkänntlichkeit, daß Sie mich von ihrer ekelhaften Pedanterey befreyen, mein lieber Herr Obrist. Ha, ha, ha, der arme Tropf, zu wen muß er doch wohl gehen, und seine platonische Liebe anbringen? weißt du es nicht meine Beste?

Gräfinn. So viel ich erst zuvor aus einem Gespräch zwischen den Baron, und ihn errathen konnte, so merke ich wohl, das Fräulein Bernberg werde dich ausstechen.

Hellborn. Mich ausstechen? mein Schatz, du wirst doch niemals geglaubt haben, daß es mein Ernst mit dem Tropfe ist; doch ich bite demütigst um Vergebung, wie er zu sagen pflegt, daß ich mir diese Freyheit mit deinem Onkel nehme.

Gräfinn. Ich würde mich sehr wundern, wenn es dein Ernst wäre, ich gestehe es. Ich weis gewiß nur sein Reichthum hat den Baron auf den Einfall gebracht, ihn zum Schwiegersohn zu wählen,

Hellborn. Gefällt Louisen diese Wahl! Sie scheint mir ein gutes Kind zu seyn.

Gräfinn. O nicht zum ausstehn. Ich gehe wenig mit ihr um, ob wir gleich in einen Hause wohnen. Sie hat die Nase immer auf einen Buch, oder auf der Nähnadel. Doch ich glaube auch nicht, daß er ihr gefällt. Ich habe so von ferne gehört, daß Sie meinen Veter den jungen Waldburg liebt, der, wie man sagt, alle Stunden von Reisen erwartet wird.

Hellborn. Wenn ich das wüste, so wollte ich den Obristen noch so ein zwölf Monate am Seil herumführen, blos aus Mitleiden gegen das arme Mädchen! denn ohngeachtet seiner Drohungen, weis ich doch, daß er mir noch immer vom Herzen gut ist.

Gräfinn. Aber, wie würde sich das mit deinen Absichten auf den jungen Bernberg reimen?

Hellborn. O liebste Freundinn, diese Frage macht mich auf einmal ganz ernsthaft. Nun kann ich nicht mehr über den Obristen lachen. In der That, ich bin seit einiger Zeit gar nicht mehr recht aufgelegt gewesen, mich mit ihm zu divertieren, und habe deswegen gesucht ihn los zu werden. Ich weis nicht, was ich von dem jungen Bernberg denken soll, ich kamm deswegen her, mich bey dir Raths zu erhohlen. Der Baron, der, wie ich merke, ein Mann von Welt, und voll Projecten ist, ließ sich etwas von seinem Sohne gegen mich merken, woraus ich sahe, daß es wenigstens ihm angenehm wäre, wenn wir ein Paar würden. Aber der junge Bernberg hat sich seitdeme nicht sehen lassen. Ich wünschte seine Gesinnungen zu wissen.

Gräfinn. In der That, darinnen kann ich dir nicht dienen. Die ganze Familie ist sehr zurückhaltend, ausser den Baron, der ist der beste unter allen, das ist gewis.

Zwölfter Auftritt.

Graf Wintersfeld, die Vorigen.

Graf. Ha! Gräfinn Hellborn! schönste Gräfinn! ich habe die Ehre ihnen die Hand zu küssen.

Hellborn. O Graf, Sie haben ein grosses Vergnügen versäumt. Der Obrist Waldburg war da.

Graf. Nu! und was sagte denn Onkel Parenthese?

Hellborn. O er ist mir untreu geworden, ich mus nun leider als Wittwe sterben.

Graf. Ja, ja, Sie werden ihm untreu geworden seyn — Wie Madam! ich erstaune Sie hier zu finden? Ich dachte, Sie hätten indessen Extrapost nach Wendersheim genommen, um ihrem Papa zu sagen, Graf Wintersfeld sey so ein leichtfertiger Bube, er wollte sich gar nichts gefallen lassen. Ja Gräfinn Hellborn, wie ich vorhin ausgieng, da hatte Sie grosse Lust sich scheiden zu lassen, und wollte schlechterdings ihrem Manne davonlauffen.

Gräfinn. Mich däucht Graf, nach den Beleidigungen, die Sie mir angethan, sollten Sie es mir Dank wissen, daß ich meinen Vorsatz geändert habe.

Graf. Wenn die Aenderung ihres Entschlusses eine Sache ist, die Dank verdient, so ge-
ste-

stehe ich, bin ich ihnen tausendfachen Dank schuldig.

Gräfinn. Du wirst das sehr witzig finden, liebste Hellborn.

Hellborn. Nun ihr guten Leute, soll ich denn blos so zu hören?

Graf. O schönste Gräfinn, meine Frau ist so fix mit ihren Antworten, daß man kaum ein Wort dazwischen sagen kann.

Gräfinn. Und mein Mann hört sich selbst so gerne sprechen, daß er sich gar nicht unterbrechen läßt.

Graf. Gerade, wie Sie.

Helborn. Nun wahrhaftig Graf, wenn Sie mein Mann wären, ich würde Sie hassen, so artig Sie auch sind.

Graf. Wahrhaftig, das thäten Sie nicht.

Hellborn. Ja, wahrhaftig, das thäte ich. Komm Wintersfeld, du mußt mit mir in die Opera gehen.

Gräfinn. Vom Herzen gerne, wohin du willst, wenn ich nur nicht zu Hause bleiben darf.

Graf. Sie sehen schöne Gräfinn, was ich für ein glücklicher Ehemann bin. Aber Sie Madam müssen mir hier erlauben, daß ich meine männliche Autorität etwas brauche. Ich ersuche sie also, wenn die Ehre nicht zu groß für mich ist, daß Sie mir diesen Abend ihre Gesellschaft zu Hause gönnen.

Gräfinn. In der That, das wird nicht geschehen.

Graf. Und in der That Madam, es muß geschehen.

Hellborn. Hülff Himmel, die Sache wird doch nicht so ernstlich werden, es ist mir leid daß ich was davon gesagt habe. Ich habe nun keine Lust mehr in die Opera zu gehen, ich will bey euch bleiben, und plaudern, oder wollen wir spielen?

Graf. O ganz und gar nicht schöne Gräfinn, warum sollten sie sich ihres Vergnügens wegen des kindischen Eigensinns meiner Frauen berauben? ich habe die Ehre, Sie selbst in die Opera zu führen.

Hellborn. Die sollen Sie nicht haben, denn ich gehe gar nicht hinein.

Graf. In der That, die mus ich haben, und ich gehe mit ihnen.

Hellborn. Es soll aber keines von euch beiden mit Adieu, lebt wohl.   (geht ab.)

Dreyzehnter Auftritt.

Graf Wintersfeld, die Gräfinn.

Gräfinn. Nun haben Sie sich doch wieder fein lächerlich gemacht.

Graf. Nicht im geringsten, sondern ich habe nur dich mein Schatz, von der vortheilhaftesten Seite gezeigt.

ein Lustspiel. 61

Gräfinn. Es ist nur gut, daß doch eines von uns ein wenig Ueberlegung hat.

Graf. Womit Sie unstreitig ihre eigene Wohlweißheit meinen. Aber ihnen zu zeigen, daß ich auch ein klein wenig davon besitze, so will ich nicht länger mit ihnen darüber zanken, sondern Sie ihren angenehmen Betrachtungen überlassen, und der schönen Hellborn in die Opera folgen, die hoffentlich meine Gesellschaft der ihrigen vorziehen wird. (geht ab)

Vierzehnter Auftritt.
Gräfinn Wintersfeld, hernach Baron Bernberg.

Gräfinn. Sehr wohl Herr Graf, sehr wohl, ich will mich auch schon schadlos halten.

Baron. So alleine, schöne Gräfinn? Ich bin länger aufgehalten worden, als ich vermuthete. Wie ist es noch endlich mit Gräfinn Hellborn, und den Obristen ausgegangen?

Gräfinn. Sie sind beede fort Baron. Mein Onkel gieng ganz aufgebracht davon, und will Sie, glaube ich, nie wieder sehen.

Baron. So! — Was haben Sie denn unterdessen mit meiner Frau, und meiner Tochter gemacht?

Gräfinn. Sie beschäftigen sich itzt vermuthlich mit ihren Abendmeditationen. Wir

hat=

hatten eine kleine Wiſite gemacht und als wir nach Hauſe kamen, begaben Sie ſich gleich ihrer Gewohnheit nach in der Baroninn Kabinet.

Baron. Ja, ja, da ſitzen Sie immer alle Abend und leſen. Aber Sie ſcheinen verdrüßlich, ſchöne Gräfinn, was iſt geſchehen?

Gräfinn. Mein Mann —

Baron. Was hat er gethan?

Gräfinn. Er war unterdeſſen hier, aber ſo unerträglich grob, und zänkiſch, wahrhafti es iſt nicht länger mit ihm auszuſtehn. Es würde mir leid thun, wenn ich ihr Haus ſo bald wieder verlaſſen müßte, aber ich bin feſt entſchloſſen, nicht länger mehr bey ihm zu bleiben.

Baron. Wenn diß nur eine Strafe für den Grafen wäre, ſo würde ich mich gar nicht widerſetzen, denn ich muß es ſelbſt geſtehn, er verdient ihre Rache. Aber liebſte Gräfinn, ich könnte ihnen noch Jemand andern nennen, den Sie durch ihre Entfernung ſehr unglücklich machen würden.

Gräfinn. Und wer ſollte das ſeyn, Baron?

Baron. Wenn ich mich nun ſelbſt nennte?

Gräfinn. Sie ſind gar zu höflich Baron, ich zweifle nicht im geringſten an ihrer Freundſchaft.

Baron. Die Freundſchaft, liebſte Gräfinn, bekömmt zu Zeiten noch einen zärtlichern Namen

men — Wenn Sie eine Mannsperson gegen ein junges und reitzendes Frauenzimmer, wie sie sind, hegt, wie muß man Sie da nennen?

Gräfinn. Ganz gewiß Freundschaft — wie sonst?

Baron. Soll ich es ihnen sagen?

Gräfinn. Nein, ich verlange es nicht zu wissen.

Baron. Nun so errathen Sie es dann.

Gräfinn. Nein auch das nicht.

Baron. Weil sie es befehlen, so will ich schweigen, aber Sie müssen mir versprechen, daß Sie mich nicht verlassen wollen. Sie wissen, Graf Wintersfeld ist zu leichtsinnig, als daß ihn diese Trennung rühren sollte, der Kummer darüber würde also mein alleine seyn.

Gräfinn. In der That, Baron, es sollte mir leid thun, wenn ich ihnen Kummer verursachte, da ich ihnen so viel Verbindlichkeit schuldig bin.

Baron. Nun so reden Sie nicht mehr vom Scheiden. Ich habe ihnen tausenderley Dinge zu sagen. Die entzückende Materie, auf die wir itzt gekommen sind, ist unerschöpflich, aber ich kann niemals nur eine halbe Stunde mit ihnen allein reden.

Gräfinn. Freylich, mein Mann ist immer so ein Irrwisch man ist keinen Augenblick für ihn sicher. (die Baroninn kömmt an die Thür

Thür, Sie fährt aber sogleich wider zurück, da Sie den Baron und die Gräfinn in einer so vertraulichen Unterredung sieht)

Baron. Ich habe auf ein Mittel gedacht, das uns, wenn Sie es genehmigen für alle Stöhrungen ins künftige sichern soll.

Gräfinn. Und das ist?

Baron. Mein Kammerdiener ist verheirathet, sein Weib ist eine Modekrämerin, gehn Sie einsmals in ihre Boutique um etwas einzukaufen, ich will auch hinkommen, und da können wir mit einander reden, ohne gestöhrt zu werden.

Gräfinn. Wahrhaftig, das ist ein guter Einfall, aber wir müssen meinem Mann kein Wort davon sagen, sonst käme er auch hin.

Baron. Seyn Sie ruhig, ich werde ihm gewiß nichts davon sagen. Kommen Sie schöne Gräfinn, mich däucht meine Frau wird indessen mit ihrem studieren fertig geworden seyn, damit Sie nichts argwöhnt, wollen wir zu ihr gehen.

Gräfinn. Wie Sie befehlen.

Baron. Aber kein Wort mehr vom Scheiden, das bite ich.

Gräfinn. Ich will alles thun, was in meinem Vermögen steht, um ihnen gefällig zu seyn. (der Baron führt Sie weg)

Funf-

Funfzehnter Auftritt.
Die Baroninn Vernberg.

Baroninn. (Sie kömmt auf der Seite hervorgeschlichen, schaut ihnen nach, und sagt) O Baron, das hätte ich dir doch nie zugetrauet, aber ich will wo möglich, deinem schändlichen Projekte zuvorkommen.

(geht ab)

Ende des zweyten Aufzugs.

Dritter Aufzug.

Erster Auftritt.
Das Theater stellt vor das Zimmer der Gräfinn.

Gräfinn Wintersfeld, die Baroninn Vernberg.

Gräfinn.
(an der Toilette ganz kaltsinnig) Guten Morgen.

Baroninn. Ich besorgte, du wärest nicht wohl,

wohl, weil du diesen Morgen so spät aufgestanden bist.

Gräfinn. Ich habe diese Nacht nicht gut geschlaffen, das ist es alles.

Baroninn. Dir zu zeigen, wie frey ich gegen dich bin, habe ich hier meine Arbeit mitgebracht, wenn du mir erlauben willst, daß ich hier ein wenig nähen darf?

Gräfinn. (bey Seite) Ich wünschte, daß Sie mitsammt ihrer Arbeit beym Henker wäre. (laut) Du verbindest mich überaus. Du und deine Tochter seyd so gute Wirthinen, ihr beschämet mich ganz — das wird ja etwas vortrefliches! Für wen sind diese Manschetten bestimmt?

Baroninn. Für meinen Mann, für wem sonst? Wo ist denn der Graf? Ich habe ihn heute noch nicht gesehen?

Gräfinn. Frage mich nicht liebste Bernberg, denn ich weiß nichts von ihm.

Baroninn. Du weißt nichts von deinem Manne, meine beste! Nun, nun, wenn eure jungen Hälse das eheliche Joch nur noch ein bischen mehr werden gewohnt seyn, so werdet ihr euch schon beyde besser drein schicken. — Die Augen thun mir ganz wehe, ich muß die Manschetten weglegen.

Gräfinn. Er wird von Tag zu Tag ärger. Es kann auf der Welt noch kein so halßstärriges böses Gemüth gegeben haben.

Baroninn. Nein, in Wahrheit, darinnen bin

bin ich nicht mit dir einerley Meinung. Ich habe dem Grafen nie ein böses Herz zugetraut. Hitzig und muthwillig ist er, das gebe ich dir zu.

Gräfinn. Hoffentlich wirst du mir doch einräumen, daß ich darinnen die beste Richterinn bin?

Baroninn. Du hast Ursache es zu seyn, das gestehe ich; aber ein Zuschauer kann doch auch seine Betrachtungen dabey anstellen.

Gräfinn. Ich weiß nicht, was für Betrachtungen du dabey anstellest, aber andere, und zwar verschiedene, die ich dir nennen könnte, Leute von bekannter guten Einsicht haben die Betrachtung gemacht, daß, so lange die Welt gestanden, keine Frau mit ihrem Manne unglücklicher gewesen ist, als ich.

Baroninn. (für sich) O Baron? Was hast du zu verantworten! (laut) Ich muß dir sagen, liebste Gräfinn! Wenn dem auch so wäre — und der Himmel weiß, es ist bey weitem noch nicht der Fall — so sind doch diejenigen nicht deine Freunde, so wenig als des Grafens seine, die dich das bereden wollen.

Gräfinn. Ums Himmelswillen! Ist es nicht vor aller Welt sichtbar? Erschallt nicht die ganze Stadt von seinem lächerlichen Betragen, und wundert sich über meine Geduld?

Baroninn. In der That, da irrst du dich sehr. Die Stadt hat mehr zu thun als sich um häußliche Zwistigkeiten zu bekümmern, und ich glaube gewiß, daß Niemand als deine speciellen Freunde sich darüber Grillen machen. Doch muß ich dir noch so viel sagen, wärest du, und der Graf gegen einige eurer Freunde etwas weniger vertraut mit den Ursachen eures Mißvergnügens gewesen, es wäre besser für euch.

Gräfinn. O liebste Bernberg! Ich weiß es wohl, es giebt solche zahme Weiber, die nicht muchßeu, der Mann mag es so arg treiben, als er will. Aber von der Art bin ich nicht das versichere ich dich. Ich habe andere Leute nicht gehofmeistert, und mag mich auch nicht hofmeistern lassen.

Baroninn. Gemach, Gräfinn, gemach! Meine Absicht war gar nicht dich zu beleidigen. Ich wollte dir blos als eine gute Freundinn Vorstellungen thun. — Ich bite dich, rede etwas leiser, ich möchte nicht gerne, daß eins von unsern Leuten hörte, wovon wir sprächen.

Gräfinn. Allzu gütig. Es weiß ja jede Magd im Hause, wie wir zusammen leben.

Baroninn. Aber bedenkst du denn auch, ob deine unvorsichtigen Klagen draussen, und vielleicht deine übereilte Wahl von Vertrauten hierinnen, dich nicht in Ungelegenheit bringen könnte?

Gräfinn. Ich verstehe diese Frage nicht recht.

recht. Meine Wahl von Vertrauten hierinnen?

Baroninn. Ja, von männlichen Vertrauten. Zum Exempel, wenn eine junge verheirathete Dame einen Mann wählte, dem Sie ihr Herz eröfnete, und so vertraut mit ihm würde, daß Sie ihm sagte, wie sehr Sie ihren Mann verachte; was denkst du wohl, daß daraus erfolgen wird?

Gräfinn. Je nun — ich vermuthe, er wird denken — er wird sich einbilden — ach was weiß ich, was er denken wird!

Baroninn. Ich will es dir sagen. Er wird vielleicht denken, daß eine Neigung gegen ihn eben so viel Antheil an der Verachtung der Frauen gegen ihren Mann habe, als ein wirklicher Fehler von Seiten des Mannes.

Gräfinn. Wenn er so dächte, was könnte ich dafür? Aber ich weiß gewiß, keiner von denen, denen ich meine Noth geklagt habe, wird einen solchen Schluß machen.

Baroninn. Der Schluß ist sehr natürlich, und der Mann wird es dann auf die Voraussetzung, für seine Pflicht halten, dieser Dame eine Liebeserklärung zu thun; Sie wird Sie vielleicht annehmen —

Gräfinn. Himmel! welche seltsame Folgerungen? (bey Seite) Was will Sie doch damit haben?

Baroninn. Wenns nun aber so wäre; was würde der Ausgang seyn? O meine Beste, ein junges Geschöpf, wie du, sollte vor diesem Gedanken zurückbeben!

Gräfinn. Auf meine Ehre ich sehe nicht ein, was alle diese Reden bedeuten sollen. Wenn mein Mann mir Sottisen sagt, so bin ich deswegen nicht genöthiget, Sie von einem jeden zu ertragen.

Baroninn. Es thut mir leid, daß du aus einer freundschaftlichen Warnung eine Sottise machen willst. Ich bin deine Freundinn, und vielleicht die einzige, die im Stande ist, dich von deinem Verderben zu retten.

Gräfinn. Verderben? Das hätte ich nicht von ihnen erwartet! in ihrem eignen Hause? Der Baron wird es ihnen vermuthlich schlechten Dank wissen, daß Sie so mit mir umgehn. — Aber wenn Sie meiner überdrüssig sind —

Baroninn. Liebste Gräfinn! Du bist in einem großen Irrthum! der Baron ist der größte Feind, den du auf der Welt hast.

Gräfinn. Vielleicht irrest du dich hierinnen, so wie in anderen Dingen. (für sich) Die gute Frau! wenn Sie wüßte —

Baroninn. Nun, um dich nicht länger durch Umschweife aufzuhalten, so wisse, meines Mannes Absichten auf dich, sind mir nicht unbekannt.

Gräfinn. Seine Absichten auf mich?

Baroninn. Ja, seine grausamen, seine — ich sage es ungern — niederträchtigen Ab-
sich=

fichten auf dich. Beste Wintersfeld! Du stehst am Rande eines schröcklichen Abgrundes. Stosse die freundschaftliche Hand nicht zurücke, die dich von dem gewissen Untergange zurückziehen will.

Gräfinn. Eine seltsame Sprache, Baroninn! die in der That — ich weiß nicht, was ich dazu sagen soll — Ich dachte wahrhaftig nicht, daß ich Eifersucht erregen würde, als ich in ihre Familie kam.

Baroninn. In Wahrheit! Du legst mir einen ganz falschen Bewegungsgrund bey. Ich gestehe es, es war eine Zeit, da die Eifersucht bey mir etwas vermocht hätte, aber die Zeit ist vorbey, und diese eigennützige Leidenschaft ist itzt nicht meine Triebfeder. Mitleiden mit deiner unerfahrnen Jugend, Freundschaft für deine würdigen Eltern, Achtung für die Ehre des Grafens, verbunden mit der Zärtlichkeit und der Pflicht, die ich meinem Manne schuldig bin, diß sind die Ursachen, die mich bewegen, euch alle, wo möglich, vom Verderben zu retten. Ich weiß es, mein Mann ist in dich verliebt, und hat dich ohnvermerkt so weit gebracht, daß du ihm eine geheime Unterredung zugestanden hast —

Gräfinn. Wenn er so niederträchtig gewesen wäre, das zu verrathen.

Baroninn. Er hat mirs nicht verrathen, das schwöhre ich dir. Aber dennoch bin ich der Sache gewis. Ich kenne das Weib seines Kammerdieners — Und nun liebste Wintersfeld, wenn du den Schlingen entgehen willst, die zu deinem Verderben gelegt sind, so lasse dich von mir als deiner aufrichtigen Freundinn warnen.

Gräfinn. Ich glaube nicht, daß ich einen Freund in dieser Welt habe.

Baroninn. Du irrest dich, ich bin deine wahre Freundinn. Der Baron ist ein Mann, der die Ergözlichkeiten liebt, und vielleicht in Liebesangelegenheiten weniger gewissenhaft als bey jedem anderen Laster. Deine Jugend und deine Reize waren schon allein hinreichend ihn zu locken. Da nun noch hinzukam, daß er deine Verachtung gegen deinen Mann gewahr ward, und du keine Schwürigkeit machtest, Sie ihm zu gestehn, so war dieß für ihn eine gefährliche Versuchung.

Gräfinn. Eine Versuchung, Baronin, du mishandelst mich sehr.

Baroninn. Für einen Mann von seinem Schlage war es allerdings eine Versuchung. Deine wenige Bekanntschaft mit intriguanten Leuten machte dich blind gegen die Gefahr. Aber in Wahrheit, du hast nur noch einen Schritt bis zur unvermeidlichen Schande, und Elend. Was glaubst du wohl, daß draus entstehen würde, wenn der Graf es entdeckte, daß du einen heimlichen Ort mit meinem Manne verabredet hast, wo du mit ihm zusamkommen willst? Was mus er von einem

Ume

Umgange denken, der so verstohlner Weise ge=
gepflogen wird? frage dein eigenes Herz, ob
du dieß gegen deinen Manne, und gegen
deine Freunde rechtfertigen kannst?

Gräfinn. Ach liebste Baroninn! du erschrökst
mich ganz — Ich erstaune, wie du dahinter
gekommen bist.

Baroninn. Es ist ein Glück für dich, daß
ich dahinter gekommen bin, wenn diß die Ge=
legenheit ist, dich zu retten.

Gräfinn. Ich gestehe es, ich war eine
Närrinn, daß ich darein willigte. Aber, du
wirst doch nicht so grausam seyn, und es mei=
nem Manne sagen? es würde ihm einen Vor=
theil über mich geben, der mir unausstehlich
ist, wenn ich nur daran denke.

Baroninn. In der That liebste Gräfinn,
es sollte mir leid thun, wenn ich mich genö=
thiget sehe, einen so unangenehmen Schritt
zu thun; und wenn ich mich auf dein redli=
ches und vernünftiges Betragen in Ansehung
der Zukunft verlassen könnte, so würde ich es
gewis verschwiegen halten —

Gräfinn. Ich will den Augenblick dein
Haus verlassen, wenn du mit dieser Genug=
thuung zu frieden bist.

Baroninn. Und wie wolltest du das bey
deinen Freunden verantworten, wenn sie nach
der Ursache fragten? du bist in die Stadt ge=
kommen um den Winter über bey mir zu blei=
ben,

ben, und ehe noch ein Monat um ist, wolltest du das Haus schon wieder verlassen?

Gräfinn. Ich kann ja sagen, mein Mann ist so unerträglich, ich kann es nicht länger bey ihm aushalten.

Baroninn. Wenn du dich meiner Führung nur eine Woche, ja nur drey Tage überlassen willst, so mache ich mich anheischig, daß du und der Graf das glücklichste Paar in der Stadt werden sollt.

Gräfinn. Ich weiß schon, du würdest mir Geduld, Unterwürffigkeit, und dergleichen empfehlen, aber dazu kann und will ich mich nicht bequemen.

Baroninn. Nun dann, so will ich sogleich an deinen Vater schreiben, und ihm die Gefährlichkeit deines Zustandes melden; Ich weis, es wird ihm nahe gehn, wenn du dich von deinem Manne scheidest, aber es ist doch besser, daß er dich noch wieder bekömmt, da du unschuldig bist.

Gräfinn. Nun, was verlangst du denn von mir, was soll ich denn thun?

Baroninn. Nichts schwehres, wenn du nur Lust dazu hast. Du hast einen sehr jungen Mann Gräfinn, der zwar hitzig und flüchtig ist, dem es aber doch nicht am Verstande fehlt, und ich weis gewis im Grunde hat er ein gutes Herz.

Gräfinn. Liebste Baroninn, du könntest einen verrückt machen.

Ba=

ein Lustspiel.

Baroninn. Höre mich nur erst aus. Du auf der andern Seite besitzest eben so viel Verstand und ein eben so gutes Herz als er, aber du bist zugleich etwas zu ungedultig, und widersprichst gern. Ich gestehe es, er ist geschwind Beleidigungen zu erweisen, aber du must mi auch einräumen, daß du eben so schnell etwas für Beleidigung annimmst. Nun meine Beste, steht es in deiner Gewalt, und erlaube mirs zu sagen, es ist deine Pflicht deine Fehler abzulegen. Ich stehe dir dafür, daß der Graf deinem Beyspiele folgen wird. Denn ich weiß gewis, daß er dich weit mehr liebt, als mein Mann, er mag sagen, was er will

Gräfinn. Ich möchte wohl eine Probe sehen.

Baroninn. Willst du einen Versuch machen?

Gräfinn. Wie? und ich sollte — ihm — nachgeben?

Baroninn. Nur einmal, nur zur Probe. Nimmt er es nicht auf, wie es sich gehöret, so will ich es dir nie wieder zumuthen. — Mich däucht, ich höre ihn kommen.

Gräfinn. Nun liebste Bernberg dir zu zeigen, daß es nicht meine Schuld ist, daß wir so misvergnügt miteinander leben, so will ich thun, was du haben willst. Du sollst selbst den Ausspruch thun. Aber vergesse auch nicht, daß du alsdann nicht an meinen Papa schreiben darfst.

Baroninn. Ich werde es nicht thun, aber
ver=

vergesse auch du nicht, daß du keine Zusammenkünfte mit meinem Manne haben darfst.

Gräfinn. Darauf kannst du dich verlassen.

Zweyter Auftritt.

Graf Wintersfeld, die Vorigen.

Graf. (zur Baroninn) Wie befinden sie sich diesen Morgen? — Ich bin abscheulich müde, ich bin bey meinem Banquier gewesen, und habe mich fast in der ganzen verfluchten Stadt herumkarren lassen. (zur Gräfinn) Himmel, wie barbarisch ist dein Kopf zurechte gemacht! du siehst, wie zehn Furien aus! auf meine Ehre eine wahre Meduse! je wer hat dich denn so verunstaltet?

Gräfinn. Ich bedaure es, daß dir die Frisur nicht gefällt. Ich will auch gleich morgen den Franzosen abdanken.

Graf Nun, so mus er dir gewis selber nicht mehr anstehn; denn mein Urtheil hat eben nicht das Glück sehr viel bey dir zu gelten

Gräfinn. Nein, ich versichere dich, ich glaube, die Frisur steht mir sehr gut.

Baroninn. Nun so thut Sie es gewis Ihnen zu gefallen, Graf?

Graf. (spöttisch) Unstreitig gnädige Frau! das ist ihr Dichten und Trachten.

Gräfinn. Wahrhaftig Graf, das würde es seyn, wenn du mir es nur erlauben wolltest.

Graf.

Graf. Liebstes Kind, sage das noch einmal! es klingt gar zu schön; wenn es nur auch wahr wäre.

Gräfinn. Nein im Ernste, ich wünschte mit meinem Putze Niemanden lieber als dir zu gefallen.

Graf. Höre mich! Spötterey ist ein kitzliches Gewehr, und du gehst sehr frech damit um. Lege es bey Seite, oder du schneidest dich in die Finger.

Gräfinn. Aber ich schwöre dir, es ist mein Ernst.

Graf. O Madam, ihr unterthäniger Diener — aber ich versichere ihnen, Sie sind noch eine grosse Pfuscherinn in der Verstellungskunst.

Baroninn. Aber warum zweifeln Sie so sehr, daß es der Gräfinn Ernst ist?

Graf. Weil ich noch niemals gesehn, daß irgend etwas ihr Ernst gewesen, als das Bestreben mir zu mißfallen.

Baroninn. Worinnen es ihr aber hoffentlich nicht gelungen ist.

Gräfinn. Wenn das ist, so habe ich mir nun vorgenommen, einen ganz andern Weeg einzuschlagen, und zu probieren, was ich mit meinem Bestreben ihm zu gefallen ausrichte.

Baroninn. Was sagen Sie dazu Graf?

Graf. Was ich sage? O wahrhaftig, ich weis nicht, was ich dazu sagen soll. Es läßt sich ihr so verteufelt angenehm zuhören, wenn nur die Laune von Bestand wäre.

Baroninn. Ich gebe ihnen mein Wort. Es wird nur ihre Schuld seyn, wenn Sie nicht von Bestand ist.

Graf. O gewis gnädige Frau! ich will gerne die Freude so lange erhalten, als es nur gehn will.

Gräfinn. Nein wahrhaftig, nie will ich mich wieder mit dir zanken.

Graf. Auf deine Ehre?

Gräfinn. Auf meine Ehre.

Graf. Und auch ich nicht mit dir, so wahr ich lebe — Wollen wir uns auch einander lieben?

Gräfinn. Unaussprechlich.

Graf. Topp! ich will an allem, was du thust, nichts aussetzen.

Gräfinn. Und ich nichts an allem, was du sagst.

Graf. Ich will dir in nichts wiedersprechen.

Gräfinn. Und ich auch nicht.

Graf. Liebstes bestes Weib! (er küßt ihr die Hand.)

Gräfinn. Allerliebster Graf!

Baroninn. Nun, ist das nicht reitzend?— Ich gratuliere euch beyden zu diesem Glücke, und überlasse euch dem Genuße desselben.

(geht ab)

Drit=

Dritter Auftritt.

Graf Wintersfeld, Gräfinn Wintersfeld.

Graf. Was für ein angenehmes Geschöpf wärest du, wenn du immer auf der guten Laune wärest.

Gräfinn. Und eben das denke ich von dir.

Graf. Wie kam es denn, das wir das nicht eher entdeckten?

Gräfinn. Weil wir nie einen Versuch gemacht haben es zu entdecken. Die Baroninn war die erste, die mir sagte, wir könnten glücklich seyn, wenn wir nur wollten.

Graf. Wahrhaftig, so muß Sie mehr Scharfsinn haben, als der Baron, denn der war einer ganz andern Meinung, und pflegte mich immer vom Herzen zu bedauren.

Gräfinn. Weswegen?

Graf. Das ich dich geheirathet hätte.

Gräfinn. Würklich?

Graf. Auf mein Wort.

Gräfinn. (bey Seite) Der Verräther! (laut) Nun Graf, so will ich ihn von seinem Irrthum überführen, und ihm zum Troze die beste Frau von der Welt werden.

Graf. Allerliebstes Kind! ich werde gar zu verliebt werden, — du mußt mich nicht gar zu sehr liebkosen Weib —

Vier=

Vierter Auftritt.

Baron Bernberg, die Vorigen.

Baron (tritt zurück, indem er den Grafen erblickt.)

Graf. Immer herein, Baron, immer herein — Ich muß dir schon wieder etwas verklagen. Wahrhaftig, so ein halsstärriges Weib —

Baron. O, das ist die alte Leier — ich mag nichts davon hören.

Graf. Nicht doch, Baron, es ist ein neuer, ein ganz spannagelneuer Vorfall. O Sie hat einen Entschluß gefaßt —

Baron. Doch nicht sich scheiden zu lassen?

Graf. Nein, nein, Baron, einen noch viel seltsamern Entschluß.

Baron. Himmel! was kann das seyn?

Graf. Du wirst erstaunen, wenn ich es dir sage. — Wir stritten uns eben darüber, als du hereinkamst.

Baron. Es geht mir nahe Graf, dich immer in Zank und Streit mit deiner Gemahlinn zu finden. Ich wünschte vom Herzen allen Zwist zwischen euch beylegen zu können.

Graf. O, Sie ist ein wahrer Teufel im Wiedersprechen.

Gräfinn. Ja, ja, Herr Graf, so viel sage ich ihnen, hierinnen mus ich meinen Willen haben.

ein Lustspiel.

Baron: (zum Grafen) Ja, so wie in allen andern Dingen.

Graf: Sie sollen aber nicht.

Gräfinn: Ich will aber.

Baron: (zur Gräfinn) Das ist recht (laut) Worüber stritten sie sich eigentlich?

Graf: Je Baron, es ist eine närrische Sache: Da hat Sie sich nun schlechterdings in den Kopf gesetzt — ich mag sagen, was ich will — gut zu werden — und mich zu nöthigen sie zu lieben, ich mag wollen oder nicht — Was meinst du? heißt das nicht einen zum Zorne reitzen?

Gräfinn. Und er, Baron, hat einen eben so unverantwortlichen Vorsatz gefaßt — mir nie in etwas zu widersprechen. — Ist das nicht eben so beleidigend.

Graf. Sind wir nicht ein paar rechte Narren Baron?

Baron. Ja in der That, Graf — wenn das möglich wäre — ich weiß nicht, was ich dazu sagen soll — wahrhaftig, ich wünschte vom Herzen, Sie immer in so gutem Vernehmen zu sehn — und wenn Sie ein Mittel ausfindig gemacht haben — mir ist es lieb. (der Graf und die Gräfinn lachen überlaut) Ich freue mich, euch so vergnügt zu sehn, junge Leute! — Nur wünsche ich, daß es von Bestand seyn mag. Graf! ich habe dir ein Wort zu sagen. (zum Grafen) Du bist verlohren,

F   Mann

Mann, wenn du ihr einmal erlaubst mit dir ihren Spaß zu treiben.

Graf. O Baron du irrest dich sehr, es ist ihr wahrer Ernst.

Gräfinn. Halt meine Herren! die heimlichen Verabredungen kann ich nicht leiden.

Baron. (zum Grafen) Oh! ich glaube gar, Sie fängt an den Herrn zu spielen. Lasse mich einmal mit ihr reden. (geht auf sie zu) Gnädige Gräfinn! —

Gräfinn. Das Blatt hat sich gewendet, Baron, ich will mit keinem Menschen flüstern, als mit den Grafen.

Baron. Nur zwey Worte. — (leise) Wenn sprechen wir uns an dem bewusten Ort?

Gräfinn. (leise) Niemals. (laut) Nun Graf, da du mich von nun an zärtlich lieben willst, so verlange ich auch, daß du ein wenig eifersichtig werden, und dem Baron sagen sollst, daß er mich des morgens nicht bey der toilette besuche.

Graf. Mein Seele Baron, Sie hat recht! die spartanischen Sitten fangen mir an nicht mehr so zu gefallen, wie sonst.

Baron. Sehr artig, eine ausserordentliche Verwandlung! wenn sie nur lange währt — aber daran habe ich einigen Zweifel.

Gräfinn. Sie haben nichts zu besorgen Baron; wenigstens haben wir ihren Seegen dazu, das weiß ich.

Baron. (für sich) das war ein Stich!

Grä=

Gräfinn. Höre Graf, ich möchte den Morgen gerne in die Porcellain Fabrique fahren; wolltest du wohl so gut seyn, und mir Gesellschaft leisten?

Graf. Vom Herzen gerne, mein Schaz, ich will dich begleiten, und siehe, da ist alles Geld, was ich bey mir habe. (er nimmt den Beutel heraus, den Sie ihm aus der Hand reißt) Warte du kleiner Freubeuter, ich werde mich schon bezahlt machen.

Gräfinn. Ich werde mich schon mit dir abfinden — Adieu Baron. (sie gehn Arm in Arm ab.)

Fünfter Auftritt.

Baron Vernberg, hernach ein Bedienter.

Baron. Was soll das alles heissen? Eine verwünschte kleine Koquette! So viel Verschlagenheit in ihren Jahren — oder habe ich es der Vermittelung meiner Frauen zu verdanken? aber Sie hat ja von meinem Vorhaben nichts gewußt — auf alle Fälle schäme ich mich, daß Sie mich auf eine so lächerliche Art hinters Liecht geführet hat. — Und auch der Laffe, der Graf —

Bedienter. Der Obrist Waldburg will die Ehre haben Euer Gnaden aufzuwarten.

Baron. Führt ihn in mein Kabinet, — nein bringt ihn hieher. (der Bediente geht ab)

ab) Das schöne Paar kömmt doch nicht so bald wieder — Wieder ein Narr, der nicht weiß, was er will, aber ich will ihn auf eine oder die andere Art zum Entschluß bringen.

Sechster Auftritt.

Der Obrist Waldburg, der Baron.

Baron. Herr Obrist, es ist mir lieb, daß Sie kommen. Ich war gestern ihrentwegen in großen Sorgen, da ich Sie in dem Zauberkreise der Gräfinn Hellborn allein lassen muste. Ich gratuliere ihnen, daß Sie so entwischt sind.

Obrist. Ich danke ihnen demüthigst Herr Baron. Ein Glük für mich, das erkenne ich, denn noch nie ist so eine Syrene, so eine Circe gewesen, wie Sie. Aber dem Himmel sey Dank, ich bin nun wieder mein eigen. Und nun komme ich Herr Baron meiner jetzigen Erklärung zu folge, dem wahrhaftig würdigen und schönen Fräulein Louise ein Ehrfurchtsvolles Opfer mit meinem Herzen zu machen.

Baron. Ich habe ihnen schon gesagt, Herr Obrist, ich werde stolz auf die Ehre ihrer Verbindung seyn, und ich zweifle gar nicht, daß meine Tochter ihre Verdienste zu schätzen weis. Ich dächte also Herr Obrist, Sie machten die Sache so kurtz als möglich — die Mädchen sind schlüpfrige Dinger — Sie verstehen mich!

Obrist. Diese Erinnerung, so nachtheilig sie auch der Ehre des schönen Geschlechts ist, das ich vom Herzen verehre, so ist Sie doch, wie ich fürchte, nur gar zu gegründet. Ich habe es mit meinem eigenen Schaden erfahren. Denn können Sie es wohl glauben Herr Baron, die grausame Frau — die Gräfinn Hellhorn meine ich, Sie mag mir das Beywort verzeihen — ist das achte Frauenzimmer, der ich seit den letzten dreyßig Jahren meine aufrichtige, demüthige, und innbrinstige Liebe bezeigt habe.

Baron. Ich hoffe also, das Schicksal hat die Ehre für meine Tochter aufbehalten wollen: Sie ist ihre neunte Liebste, Herr Obrist, und Sie wissen, neune ist eine glückliche Zahl.

Obrist. Ich nehme mir die Freyheit, Herr Baron, eben das zu hoffen. Ich schmeichle mir, daß Sie bestimmt ist, mich für den Verdruß und die üble Begegnung schadlos zu halten, die ich von den übrigen ihres Geschlechts erduldet habe.

Baron. Ich darf sie also doch nun in dem Karackter eines Liebhabers meiner Tochter vorstellen?

Obrist. Ich schmachte nach diesem Glücke.

Baron. Ich will Sie ruffen Herr Obrist.

Obrist. Wie es ihnen gefällig ist — Aber Herr Baron, die Wittwe Hellborn.

Baron. (für sich) In meinem Leben habe ich

ich keinen solchen phlegmatischen Pinsel gesehn. (laut) Nun was wollen Sie mit der?

Obrist. Ich gestehe es, ich liebte Sie heftiger als irgend eine von ihren Antecessorinnen in meinem Herzen — die Sache war in der That schon weit mit uns gekommen. Denn Herr Baron, ohne die Gräfinn damit in üble Nachrede zu bringen — ich muß ihnen im Vertrauen sagen — ich habe mehr als einmal ihre Hand mit diesen Lippen geküßt.

Baron. Würklich?

Obrist. Sie können versichert seyn, daß es wahr ist. Ich hoffe, der Herr Baron werden mich für keinen Prahler halten, und da Sie sich so lange Zeit gütig gegen mich bezeigte, war mirs wohl zu verdenken, wenn sich meine Wünsche bis zu dem Besitz dieser Schönheit verstiegen?

Baron. O ganz und gar nicht Herr Obrist; aber ihr übles Betragen gegen Sie —

Obrist. Hat nun ihr Bild in meinem Herzen verlöscht, oder vielmehr ganz herausgerissen.

Baron. Nun Herr Obrist, so will ich ihnen meine Tochter bringen, deren Bild hoffentlich das ihrige in ihrem Herzen ersetzen soll. (geht ab.)

Siebenter Auftritt.
Der Obrist Waldburg.

Obrist. Ich hoffe, die zarte Schöne wird sich nicht so leicht gewinnen lassen, denn das würde dem Anstand der Liebe nachtheilig seyn, und mir manche süsse schmachtende Stunde rauben. — Wenn Sie es aber thätte — ich zittere vor den Folgen — doch Sie kömmt, die gütige Nymphe nähert sich.

Achter Auftritt.
Der Baron kömmt mit Fräulein Louisen herein und die Vorigen.

Baron. Louise! des Obristens Verdienste sind dir nicht unbekannt,

Obrist. (neigt sich tief) O Herr Baron!

Baron. Du weißt, daß er ein Mann von guter Familie und grossen Vermögen, von untadelhaften Karakter, und nicht gemeinen Talenten ist.

Obrist. O Herr Baron, nur sehr gemeine, sehr schlechte Talente!

Baron. Du kannst dich also glücklich schätzen, daß seine Wahl vorzüglich vor allen anderen auf dich gefallen ist. Und nun, Herr Obrist, überlasse, ich es ihnen, ihr Glück weiter zuverfolgen. (geht ab)

Neunter Auftritt.

Fräulein Louise, der Obrist Waldburg.

Louise. Ist es ihnen nicht gefällig sich niederzulassen?

Obrist. Gnädiges Fräulein! da ich die Erlaubniß ihres Herrn Vaters erhalten, so nehme ich mir demüthigst die Freyheit, mich ihnen zu nähern, in der angenehmen Hofnung, daß, wenn ich Sie von der Heftigkeit meiner Liebe werde überzeugt haben —

Louise. Hofentlich, Herr Obrist, werden Sie mir Zeit genug lassen, um mich davon überzeugen zu können.

Obrist. Gnädiges Fräulein, ich würde mich selbst für ganz verlohren halten, wenn ich fähig wäre, gleich beym ersten Sturme — unerachtet dessen, was hier vorgeht — ein Fräulein in einem so delikaten Punkt zu übereilen.

Louise. Ich danke ihnen Herr Obrist. Aber ich konnte auch nicht weniger von einem Manne erwarten, den alle Welt für ein Muster der feinen Lebensart erklärt.

Obrist. Diß ist ein Lob, Fräulein, das ich jederzeit ehrgeitzig gewesen bin zu behaupten, so viel Kampf es mir auch mit meiner natürlichen Hitze gekostet hat. Denn ich muß ihnen sagen, gnädiges Fräulein, ein reizender

der Gegenstand ist ein gefährlicher Feind von der guten Lebensart.

Louise. Aber ihre grosse Klugheit Herr Obrist, läßt mich nicht befürchten—

Obrist. Ich sehe mich genöthigt, Sie zu Hilfe zu nehmen. Denn ich versichere Ihnen, gnädiges Fräulein, unerachtet des Antriebs meiner Leidenschaft, kann ich doch die raschen, und stürmischen Liebhaber nicht leiden, die ohne Rucksicht auf die Sittsamkeit eines Fräuleins, so bald Sie nur die Einwilligung der Eltern haben, ihr gleich in die Arme rennen wollen. Sie verzeihen, gnädiges Fräulein, daß ich meine Gedanken so grob ausdrücke.

Louise. O Herr Obrist, Ihre Denkungsart entzückt mich ganz. Sie ist so fein, so edel, und ich muß hinzusetzen, ob es gleich eitel scheinen wird, so übereinstimmend mit der meinigen —

Obrist. Ich bin für Freuden und Entzücken ausser mir. Wollen Sie mir, gnädiges Fräulein, das göttliche Vergnügen erlauben, mich zu ihren Füssen zu werfen?

Louise. Beyleibe nicht, Herr Obrist. Ich könnte ohnmöglich einen Mann von ihrer Würde in einer so demüthigen Stellung sehn. Ich will annehmen, als wenn es geschehen wäre, wenn es ihnen gefällig ist.

Obrist. Ich werfe mich also im Geiste nieder —

Louise. Nun Herr Obrist, da Sie sehen, daß

daß mein Papa sehr begierig ist nach der Ehre mit ihnen in Verbindung zu kommen, und da ich ihm einen uneingeschränkten Gehorsam schuldig bin, so fürchte ich, wenn nicht ihre Klugheit sich ins Mittel schlägt, wir werden beyde in das eheliche Joch mit einer Uebereilung gezogen werden, die gar nicht dem Wohlstand gemäß ist.

Obrist. Ich gestehe es, Fräulein, ich bin völlig ihrer Meinung, und besorge es eben so sehr.

Louise. Da nun mein Vater so sehr eilt, Sie Schwiegersohn zu nennen, so möchte ich nicht gern, daß er glaubte, ich sey an diesem Aufschube Ursach. Er möchte meinen Gehorsam in Zweifel ziehn, von dem er erwartet, daß er mit seinen Wünschen in gleichem Schritte gehn soll. — Sie verstehn mich, Herr Obrist?

Obrist. Vollkommen liebstes Fräulein, und wenn ich es wagen darf, dasjenige auszulegen, was Sie mir auf eine so reitzende Art zu verstehn gegeben haben, so verlangen Sie, ich soll dem Herrn Baron vorstellen, Sie wären nicht ganz abgeneigt mich mit ihrer schönen Hand zu beehren.

Louise. Vollkommen geneigt, müssen Sie sagen.

Obrist. Vortreflich. Aber zu gleicher Zeit werde ich ihm vorhalten, daß ich noch nicht
be=

berechtigt sey, dieses große Glück anzunehmen.

Louise. Ungefehr so, Herr Obrist. Denn ich möchte nicht gern, daß er diese nöthige Verzögerung für meinen Einfall hielte.

Obrist. O Sie wissen nicht gnädiges Fräulein was für Gewalt ich mir anthue die Glut meiner Flammen zu mäßigen. Aber Geduld ist die Haupttugend eines Liebhabers.

Louise. Ich überlasse es ganz ihrer Klugheit Herr Obrist, die Sache mit meinem Papa abzuthun.

Obrist. O gnädiges Fräulein, ich werde den Herr Baron überzeugen, daß ich aus sehr erhabnen Bewegungsgründen mich bequeme, mein Glück aufzuschieben.

Louise. Ich bin ihnen für diesen großmüthigen Beweiß ihrer liebreichen Achtung gegen mich sehr verbunden.

Obrist. O Sie werden sehn, gnädiges Fräulein! daß ich gar nicht nach den gewöhnlichen Schlendrian liebe — Doch ich darf mich bey dieser zärtlichen Materie nicht gar zu lange verweilen, ich möchte sonst Gefahr laufen —

Louise. (steht auf) Herr Obrist, ich will Sie nicht abhalten.

Obrist. Ich muß fliehen, gnädiges Fräulein, damit ich nicht die Gränzen übertrette, die ich mir selbst gesezt habe.

Louise. Sie haben meine Erlaubniß zu gehn.

Obrist. Liebstes Fräulein, schenken Sie ihrem Anbeter nur noch ein huldreiches Lächeln.

Louise. (lächelt und verbeugt sich) Ihre unterthänige Dienerinn Herr Obrist.

Obrist. Gnädiges Fräulein, ewig der Ihrige. (geht ab)

Zehnter Auftritt.

Fräulein Louise.

Louise. (lacht) Ha, ha, ha, mich däucht, nun kann ich gehn, und meinen Papa ohne Gefahr versichern, daß ich willig und bereit bin, meinen Anbeter zu nehmen, sobald er befihlt. Es glückte mir besser, als ich dachte. (geht ab)

Ende des dritten Aufzugs.

Vierter Aufzug.

Erster Auftritt.

Das Theater stellt vor des Barons Kabinet.

Baron Bernberg sitzt und liest.

Baron.

„Nichts ist gut, oder böse, als Vergleichungsweise,„ Der Henker hohle deine trockene Sittensprüche! (wirft das Buch weg) Wozu nützen Sie? — Doch es liegt immer etwas wahres mit darinnen — Gestern hielt ich mich für einen unglücklichen Mann — aber was bin ich heute um so viel unglücklicher, und wenn ich meine gestrigen Umstände mit den heutigen vergleiche, so glaube ich, daß ich gestern glücklich war. — Alles ist nun verlohren, und wenn mein Sohn bey seinem Eigensinn bleibt, und die Parthie ausschlägt, so ist keine Rettung übrig — Was sollen die jungen Affen?

Sey-

Zweyter Auftritt.

Graf und Gräfinn Wintersfeld Arm in Arm und der Vorige.

Graf. Baron, ich kann mich von meinem Erstaunen nicht erhohlen.

Baron. Worüber, Graf?

Graf. Ueber etwas, was mir eben meine Frau erzählt hat.

Baron. (für sich) Sie wird doch nicht geplaudert haben! (laut) und was war das?

Gräfinn. Etwas? von ihnen, Baron, das Sie es nur wissen.

Baron. Von mir? Hoffentlich habe ich nichts gethan, gnädige Frau, das — einigen Tadel verdiente.

Graf Ey nun ja, Baron, es verdienet einen zimmlich strengen Tadel.

Baron. Graf ich bin bereit, auf alle Vorwürffe zu antworten.

Gräfinn. (lacht) Ha, ha, ha, weder ich, noch der Graf kommen her, Sie herauszufodern.

Graf. (lacht) Ha, ha, ha, wahrhaftig der Baron sieht so finster aus, als ob er sich wirklich dafür fürchtete,

Baron. Ich mich dafür fürchten? Wenn ich biten darf, so bediene dich eines anderen Worts.

Gräfinn. So wahr ich lebe, Baron, Sie
se=

sehen aus als ob Sie Lust hätten uns beyde zu prügeln. Nicht wahr, Graf?

Baron. Ich habe in der That einige wichtige Geschäfte, und sähe es also gern, wenn Sie etwas eilten, mir zu sagen, was Sie mir zu sagen haben.

Graf. Was wir ihnen zu sagen haben? Je, alle Welt hat es ihnen zu sagen, so gut als wir.

Baron. Nun, was ist es denn?

Graf. Daß Sie ihre Tochter zwingen wollen, einen alten Tapetenhelden zu heirathen.

Baron. Ist es das alles?

Graf. Nun auf meine Ehre, ich dächte es wäre genug. Je, zum Henker, die ganze Stadt macht sich schon damit lustig. Meine Frau, und ich, wir haben uns den ganzen Morgen nicht satt lachen können. Wir nennen ihn nur den Ritter von der unbeweglichen Gelassenheit. (beyde lachen)

Baron. O es freut mich sehr, Sie so einstimmig zu sehn.

Gräfinn. Ja, Baron, da wir diese Versöhnung lediglich ihrer Vermittlung zu danken haben, so bin ich überzeugt, daß Sie sich darüber freuen.

Graf. Schnippisches Ding! — Doch komm; wir wollen den Baron nicht damit vexieren. Er meinte es, glaube ich, gut mit uns, seine Politik spielte ihm nur einen kleinen Streich — denn in Wahrhiit Baron, ich

fin=

finde Sie weit besser, seitdem ich Sie habe gehen lassen.

Baron. Das freut mich Graf! Hast du mir sonst noch etwas mitzutheilen?

Gräfinn. Nichts als noch einen guten Rath, Baron. Sie haben uns so vielen guten Rath gegeben, daß wir ihnen einige Erkänntlichkeit schuldig sind, und wenn Sie meinem Rathe folgen wollten, so dächten Sie gar nicht daran meinen Onkel zu ihrem Schwiegersohne zu wählen.

Graf. O pfuy! pfuy! im höchsten Grade lächerlich!

Gräfinn. Gewis Baron, ich gebe meinen Konsens nicht dazu.

Baron. Mich däucht ihr Onkel ist in einem Alter —

Gräfinn. O ja, schon vor hundert Jahren!

Baron. Nun dann — verzeihen Sie, ich bin itzt nicht aufgelegt zu scherzen.

Gräfinn. Aber wir sind aufgelegt dazu, nicht wahr, Graf?

Graf. So lange du willst, mein Schatz.

Baron. Nun so seyn Sie so gütig, und geniessen die Lust für sich allein; — Ich habe in der That zu thun.

Gräfinn. Komm Graf. Er ist so milzsüchtig, man kann es nicht bey ihm aushalten. Wir wollen gehn, und für uns selber lachen.

Graf. O es kann keine schönere Lust seyn!

Gräfinn. Der Baron könnte dir gewis noch

von anderen Vergnügungen erzählen. — Nun sehn Sie nur nicht so grimmig aus! wir wollen auf der Hochzeit tanzen, wenn es nun einmal seyn soll.

Graf. Vermuthlich wird dein Onkel einen Turnier dabey anstellen, ich will mich noch bey Zeiten mit der Tartsche exerciren.

Gräfinn. Der Baron würdigt uns keiner Antwort; es ist am besten, wir überlassen ihn seinen eignen meditationen. (gehen beede lachend ab.)

Dritter Auftritt.

Baron Bernberg, hernach Karl.

Baron. Ein impertinentes Paar! — Er machte mir anfangs Angst, aber wie ich sehe, ist Sie doch zu listig, als daß Sie ihm alles sagen sollte.

Karl. Eben sah ich den Obrist Waldburg bey meiner Schwester; Wie es scheint, so geht ja alles recht gut mit den beyden.

Baron. Er ist ein wunderlicher Kopf, aber ich denke doch, die Heirath soll noch zu stande kommen. Deine Schwester hat endlich drein gewilliget ihn zum Manne zu nehmen.

Karl. Ich freue mich darüber, weil sie es so sehr gewünscht haben. Sie scheinen mir aber sehr unruhig, mein Vater.

Baron. Ich habe eine Sache, die mir sehr

auf dem Herzen liegt — es steht in deiner Macht, und ich glaube — wenigstens hoffe ich es — wird es dir nicht an Neigung fehlen, mir aus der gröſten Verlegenheit zu helfen, in der ich mich je befunden habe.

Karl. Ich bin bereit mein Leben für Sie zu wagen, wenn es nöthig ist.

Baron. Nein, nein, ich bin noch nicht so alt, Karl, daß ich den Beystand deines Degens brauchte. — Du verstehst mich ganz falsch.

Karl. Sie scheinen sehr bewegt zu seyn. (der Baron geht auf und nieder)

Baron. Gestern Abend habe ich zweytausend Duggaten verlohren, die ich sobald möglich bezahlen muß, und meine Ehre ist dabey in grosser Gefahr.

Karl. Gnädiger Herr, Sie hatten ja beschlossen sich nie wieder in so grossen Spiele einzulassen.

Baron. Ja, das hatte ich mir wohl vorgenommen. Aber ich hatte gestern einen grossen Verdruß, und da gieng ich in meine alte Gesellschaft, um mir eine halbe Stunde die Grillen zu vertreiben — und ich weis nicht, wie es zngieng — Sie wusten mich bis in die späte Nacht aufzuhalten.

Karl. Ich nehme grossen Antheil an ihrer Bekümmerniß, gnädiger Herr, aber was kann ich dabey thun?

Baron. Das ist eben der Punkt — Ich bringe nur sehr ungern eine Materie wieder
aufs

aufs Tapet, von der ich weis, daß Sie dir unangenehm ist, aber du siehst, in was für einer Noth ich steke — Es ist nur noch ein Mittel übrig — du wirst dich erinnern, wovon wir gestern gesprochen, wenn mein verfluchtes Glück mir nicht gestern Abend den Streich gespielt hätte, so hätte ich kein Wort wieder davon gegen dich gedacht.

Karl. Ich schmeichelte mir, daß Sie es nie wieder thun würden, giebt es dann kein anderes Mittel?

Baron. Ich weis keines. Ich stecke bis an die Ohren in Schulden, und werde von allen Seiten gezaußt, wie ein Hirsch, wenn er nicht weiter kann. Und nun, Karl, es schickt sich nicht für einen Vater, daß er einen Sohn bitet; Es gehört sich auch nicht für dein Alter und deinen Stand, daß ich dir, wie einem unverständigen Mädchen mit meinem väterlichen Ansehn drohe. Aber so lieb dir dein Glück in jener Welt ist, rette deinen Vater von dem Unglück, und deine Mutter — Sie ist doch stets eine gute Mutter gegen dich gewesen — von dem Mangel und Elend.

Karl. Gnädiger Herr, der Himmel sey mein Zeuge, ich wäre bereit mein Leben für Sie beyde hinzugeben; aber was Sie verlangen, ist noch unendlich kostbahrer.

Baron. Pfuy, pfuy! wie weibisch ist das; — deine Schwester die Romanenheldinn konnte mich mit nichts als schönen Worten be-

sänf-

sänftigen. Aber du—ich dachte eine kindische Liebe liesse sich überwältigen, wenn solche wichtige Bewegungsgründe dein eigener Nutzen, und die Ehre deiner Familie zusammkämen.

Karl. O mein Nutzen ist nur eine Feder auf der Waagschaale, und übrigens glaube ich, kömmt meine eigene Ehre, die [Sie mir selbst zu schätzen gelehrt haben, hiebey mehr ins Spiel, als die Ehre meiner Familie.

Baron. Du sagtest mir ja, du wärest durch kein Versprechen an Fräulein Rentheim gebunden.

Karl. Das bin ich auch nicht, mein Vater! aber giebt es sonst keine Verbindlichkeit, als worüber die Gesätze wachen. O gnädiger Herr, Sie vergessen die guten Lehren, die Sie mir bey anderen Gelegenheiten gegeben haben.

Baron. Sehr wohl — Ich erkenne die Gerechtigkeit deiner Vorwürffe, aber Sie sind Pfeile mit Widerhaken aus dem Munde eines Kindes. — Ich baute alle meine Hofnung auf dich, und wäre es mir gelungen, so wäre ich vielleicht glücklicher gewesen, als ich zu seyn begehre. — Ich entwarf diesen Morgen einen Plan — aber es schadet nichts, es ist alles vorbey — Es thut mir nur leid, daß deine Mutter mit darunter leiden soll, ich bin eben nicht der gefälligste Ehemann gewesen. — Ich mus mich in mein Unglück so gut schicken,

cken, als ich kann. Du haſt dich als ein würdiger Sohn betragen, ich erkenne es — ich habe dein ganzes Erbtheil verthan — du ſollſt mir nicht vorzuwerfen haben, daß ich dich Zeitlebens unglücklich gemacht.

Karl. O mein Vater, ich kann Sie nicht ſo reden hören.

Baron. Warum nicht? es iſt die lautere Wahrheit.

Karl. Ich wollte gern alles thun —

Baron. Was wollteſt du thun? Rede aus Karl!

Karl. Ich kann nicht.

Baron. Alles, deines Vaters Untergang zu verhüten, wollteſt du ſagen. Ich kenne dein zärtliches Herz Karl, und will dir daher nicht länger zuſetzen. Dein Vater iſt kein ſolcher Tyrann. Ich habe dich jederzeit als meinen Freund betrachtet.

Karl. Ach gnädiger Herr! um dieſes Titels würdig zu bleiben, darf ich Sie nicht unglücklich werden laſſen.

Baron. Ich glaube es, daß du das nicht willſt. — Aber ich möchte auch um alles in der Welt dich nicht unglücklich machen. — Ich will dich nicht in allen Dingen drücken. Ich verdiene das Verderben, daß ich mir zugezogen habe, und will gern darunter erliegen.

Karl. Das darf nicht geſchehen, ſo lange ich noch im Stande bin ihnen zu helffen.

Ba=

Baron. Ich kann es nicht verlangen.

Karl. Ich will alles aufopfern — selbst meine Liebe, um Sie zu retten.

Baron. Wie du wolltest die Gräfinn heirathen?

Karl. Ja, das will ich, mein Vater.

Baron. Gieb mir deine Hand. Ach Karl — du beschämst mich ganz.

Karl. Ich will meinem wankelmüthigen Herzen nicht lange trauen. Ich will Sie noch diesen Morgen besuchen — Aber es ist doch nöthig das arme Fräulein von dieser plötzlichen Veränderung zu benachrichtigen.

Baron. O allerdings. Aber wage es nicht, Karl! Sie selbst zu sprechen. Schreib ihr, was du ihr zu sagen hast. Denn Seufzer und Thränen sind ansteckende Sachen, aber ich hoffe, der Sturm soll bald vorübergehn.

Karl. Ach gnädiger Herr, Sie kennen des Fräuleins Gemüth wenig. Aber ich darf es nicht wagen, der Sache erst lange nachzudenken. Ich will ihr lieber gleich in der ersten Hitze schreiben. — Wenn Sie mich nur vergessen. — Wenn Sie es nur überleben kann! das ist alles, was ich wagen darf zu hoffen.

(geht ab.)

Vierter Auftritt.

Baron Bernberg.

Baron. Der gute Junge! ich kann es kaum über das Herze bringen ihm die Heirath vollziehen zu lassen. — Doch, was bleibt mir sonst vor eine Zuflucht übrig. Ich hoffe, die Gräfinn wird ihn glücklicher machen, als er von ihr erwartet. — Aber ich muß gleich an Sie schreiben, und das als eine Gunst von ihr erbiten, was Sie gewis für ihr gröstes Glück schätzen wird. (geht ab.)

Fünfter Auftritt.

Zimmer der Gräfinn Hellborn.

Gräfinn Hellborn, die eben nach Hause kömmt ein Bedienter.

Hellborn. Ist jemand unterdessen da gewesen, da ich nicht zu Hause war.

Bediente. Nein Ihro Hochgräfliche Gnaden.

Hellborn. Ist kein Brief gekommen? hat Niemand hergeschickt.

Bediente. Ich habe nichts gesehen.

Hellborn. Meine Schwester soll kommen. (der Bediente geht ab) In was für einem peinlichen Zustand befinde ich mich! ich liebe — und werde nicht wieder geliebt! die Kaltsinnigkeit des jungen Bernbergs kann von keiner andern Urſache herkommen, als weil ſein Herz ſchon anderswo verſchenkt iſt. — Wenn ihn meine Schweſter wieder liebt — doch hier kömmt Sie.

Sechſter Auftritt.

Gräfinn Hellborn, Fräulein Rentheim, hernach ein Bedienter.

Hellborn. Biſt du damit fertig, Klare, was ich dir gab?

Rentheim. Ich glaubte nicht, daß du es mir als eine Arbeit aufgäbſt, Schweſter, ich habe noch gar nichts daran gemacht.

Hellborn. Ich begreiffe nicht, was dir in den Kopf mus gekommen ſeyn, denn ſeit einiger Zeit thuſt du gerade nicht, was ich verlange. Dieſe Veränderung verſtehe ich nicht.

Rentheim. Um Vergebung, Schweſter, die Veränderung iſt von deiner Seite geſchehn.

Hellborn. So haſt du auch wiederſprechen gelehrnt. Aber ich dächte, es ſchickte ſich nicht übel, wenn du dich errinnerteſt, daß ich deine ältere Schweſter bin, und ich ſollte meinen, deine Umſtände ſollten dir etwas mehr Achtung gegen mich lehren.

Rentheim. In Wahrheit, du brauchſt mich eben nicht ſtündlich daran zu errinnern; ich bin ſchon zur Genüge gedemüthigt.

Hellborn. Du wirſt es ſchon noch einſehn

lehrnen, daß die Demuth die nützlichste Tugend für dich ist. Und damit du desto bessere Gelegenheit hast Sie auszuüben, so ist mir eingefallen, dich in eine stille eingezogene Familie auf dem Land zu bringen. Wer weis, ob du da nicht einen Landjunker eroberst, und dann kannst du völlig nach deinem Geschmack leben.

Rentheim. (für sich) Ich will es ihr nur einmal sagen, um Sie für ihre Grausamkeit zu strafen. (laut) Vielleicht, Schwester, kann ich das, ohne eben einen Landjunker zu erobern —

Hellborn. Es ist mir lieb zu hören. Aber jetzt wollen wir eben nicht von deinen Träumen und Projeckten reden. (für sich) Sie soll sich nicht näher erklären.

Rentheim. Ich kenne einen jungen Herrn Schwester! —

Hellborn. Gut, gut! behalte ihn für dich. Ich mag von deinen Liebesgeheimnissen nichts wissen.

Bediente. Ein Brief von alten Baron Bernberg. Der Bediente wartet auf Antwort.

Rentheim. (für sich) Bernberg? was mus der haben wollen?

Hellborn. Meine Empfehlung an den alten Baron, und der Besuch seines Sohnes würde mir sehr angenehm seyn. (der Bediente geht ab) Du wolltest ja etwas von einem Herrn sagen Klare? ha, ha, ha, höre, wer

ist

ist denn der Herr? Doch ehe du mir dein Geheimniß sagst, will ich mir erst ein Recht zu dieser Gewogenheit erwerben, und dich zu meiner Vertrauten machen. Du mußt wissen, ich habe eine Eroberung gemacht, von der mich dieses Billet benachrichtiget.

Rentheim. Eine Eroberung ich dachte dieses Billet kämhe vom alten Baron Bernberg.

Hellborn. Ja freilich, und ich habe zwar nicht den alten Bernberg erobert, aber doch seinen Sohn Karl — Ich will dir das Billet vorlesen.

„Gnädige Gräfinn!„

„Es ist zuweilen ein eben so grosser Feh„
„ler zu bescheiden, als zu dreuste zu seyn.„
„Mein Sohn ist von ihnen entzückt, wagt„
„es aber nicht ihnen zu sagen. Ich sagte„
„ihm, daß ich es an seiner statt thun woll„
„te, und gieng sogar so weit, ihm eine„
„günstige Aufnahme zu versprechen. Sie se„
„hen, gnädige Gräfinn, es betrift meine„
„Ehre, die Ehre, für einen scharfsinnigen„
„Mann gehalten zu werden, und ich weis,„
„Sie sind zu gütig, als daß Sie mich da„
„rum bringen sollten. Ich schmeichle mir„
„Sie werden meinem Sohne die Ehre er„
„lauben, ihnen die Hand zu küssen. Er„
„wird Ihnen in einer Viertlstund aufwar„
„ten, wenn Sie es ihm nicht untersagen.„

„Ich„

„ Ich bin mit der vollkomnesten Hochach=
„ tung.
                            „ Baron Bernberg.
„ N. S. Ich hoffe,
„ Sie werden allein
„ seyn. „

Was sagst du Klare? Ist dein Liebhaber auch so artig, wie der junge Bernberg?

Rentheim. O Schwester! Das ist zu viel! aber ich gratuliere dir.

Hellborn. Was fehlt dir Kind! Klärchen, du wirst doch nicht etwa Absichten auf ihn gehabt haben. Konntest du wohl glauben, daß ein Mann von guter Familie, wie er, eine Frau ohne Vermögen nehmen würde, die seinem Stande nicht gemäß hätte leben kön= nen?

Rentheim. Ich bin zufrieden, daß ich mich geirret habe, und du wirst mir nun einen gro= ßen Gefallen erweisen, wenn du mich sogleich aufs Land schickest.

Hellborn. In der That, Schwester, da handlest du ganz vernünftig. Es thut mir leid, daß du so unvorsichtig gewesen, uud die kleinen Galanterien, die dir der junge Bern= berg erwiesen, für Ernst aufgenommen hast. Aber, da das Unglück nun einmal geschehn ist, so muß ich gestehn, du würdest eine al= berne Figur machen, wenn du bey den Um= ständen hier bliebst. Denn dir die Wahrheit

zu

zu sagen, ich bin entschlossen ihn zu heira=
then.

Rentheim. Nun, Schwester, so will ich mich unterdessen zu meiner Freundinn, die mich erzogen hat, begeben, bis du Zeit hast andere Vorkehrungen mit mir zu treffen.

Hellborn. Das ist recht, meine liebste Schwe=
ster, Ich freue mich, daß du so vernünftig bist. — Wir wollen uns in aller Güte tren=
nen. Ich werde jederzeit deine aufrichtige Freundinn bleiben.

Rentheim. Ich hoffe es, Schwester — Ich will gleich gehn, und einige Kleinigkeiten zusammachen, hernach komme ich wieder und nehme von dir Abschied.

Hellborn. Das muß aber hurtig geschehn. Denn vermuthlich wäre es dir selber nicht lieb, wenn du ihn hier anträfest, überdiß ver=
langt er mit mir allein zu seyn.

Rentheim. Ich will euch gar nicht stöhren.

(geht ab)

Siebenter Auftritt.

Gräfinn Hellborn, hernach ein Be=
dienter.

Hellborn. Das arme Kind! es geht mir nahe, daß ich mein Glück auf den Untergang des ihrigen bauen soll. Aber ich will Sie schon schadlos halten! Ich sehe, sie liebt:

aber

aber das ist auch offenbar, sie wird nicht wieder geliebt. — Ich will hoffen, daß es so ist, denn unerachtet meiner Zärtlichkeit für ihn, wollte ich doch lieber seine Hand nicht annehmen, wenn ich nicht sein Herz ganz besitzen sollte. (ein Bedienter bringt einen Brief) Der ist ja an meine Schwester=

Bediente. Euer hochgräflichen Gnaden haben ja befohlen, daß Sie Ihnen erst alle gebracht werden sollten. (geht ab)

Hellborn. Das hätte ich bald vergessen — Es kömmt nun nicht viel mehr darauf an, aber ich will doch sehn, von wem er ist. — „Karl Bernberg. Ich fürchte mich beynahe ihn zu lesen. Aber ich muß es wissen, und wenn es das argste wäre.

„Noch in dieser Stunde, liebstes Fräu=
„lein, wird der treulose, der verachtungs=
„würdige Bernberg, der sich ihren Liebhaber
„nannte, um die Hand ihrer Schwester an=
„halten, und mit einem Ihnen längst ge=
„weyhten und nie untreuen Herzen, ihr
„kraftlose, betrügerische Liebeserklährungen
„thun —
Himmel! was ist das?
„Ich weis nicht, was ich schreibe, denn
„Verzweiflung führet meine zitternde Hand.
„Hassen, verachten Sie mich, ich beschwöh=
„re Sie darum —
O könnte ich das auch thun!

„Aber

„ Aber hören Sie die Ursachen dieser un-
„ glücklichen Veränderung —
Ich möchte rasend werden —

Rentheim. (kömmt wieder zurück) Ich komme nun Schwester, mich dir zu empfehlen.

Hellborn. (schaut Sie zornig an, und lauft zum Zimmer hinaus)

Rentheim. Was fehlt meiner Schwester? Sie scheint in der größten Bewegung — Sie laß einen Brief — der war es nicht, den Sie mir vorhin zeigte! Was muß das seyn. — Aber ich will ihr mit meinen Fragen nicht beschwerlich fallen. Mich däucht, Sie kann mich von der Ceremonie eines Abschieds dispensiren, und ich kann so fortgehn. (indem Sie gehn will, wird der junge Bernberg von einem Bedienten herein gewiesen, beyde fahren zurück und sehen einander an)

Achter Auftritt.

Fräulein Rentheim, Karl.

Karl. Das erwartete ich nicht, Fräulein. Ich glaubte, Sie würden mir die Schmerzen einer solchen Zusammenkunft ersparen.

Rentheim. Es war auch gar nicht meine Absicht. Aber wenn es ihnen beliebt hätte mir nur eine kleine Nachricht von diesem Besuche zu geben, so wäre das doch freundschaftlich gewesen.

Karl.

Karl. Ich glaubte, mein Brief, so verwirrt er auch geschrieben war, würde wenigstens mich einer Unterredung überheben.

Rentheim. Was für ein Brief?

Karl. Haben Sie nicht vor einer halben Viertelstund einen Brief erhalten? Es war mir nicht eher möglich ihnen Nachricht davon zu geben.

Rentheim. Ich habe keinen bekommen. Aber, da Sie sich darauf beruffen, so fürchte ich, er ist meiner Schwester in die Hände gefallen.

Karl. Wenn das ist, Fräulein! was für ein Ungeheuer muß ich in ihren Augen seyn? da Sie die Gründe meines seltsamen Betragens nicht wissen, die ich ihnen in diesem Briefe weitläufig erklährt habe.

Rentheim. In der That, ich bin auf diesen plötzlichen Zufall wenig vorbereitet — aber ich glaube sehr gern, daß Sie sehr wichtige Ursachen gehabt haben müssen.

Karl. Wird es ihr großmüthiges Herz als eine Entschuldigung gelten lassen, daß ich ihnen untreu werde, wenn ich dadurch einen Vater vom gänzlichen und nahen Verderben rette, den ich so zärtlich liebe?

Rentheim. Ja, :s läßt Sie gelten, und ich schätze Sie deßwegen hoch. Dann ich weiß gewiß, nichts als so etwas konnte Sie dazu bringen, und ich würde die Hochachtung, die Sie mir hoffentlich auch künftig nicht ent-

zeiziehen werden, gar nicht verdienen, wenn ich mein schwaches Recht auf ihre Liebe nicht solchen wichtigen Verbindlichkeiten aufopfern könnte.

Karl. O Fräulein! was kann mich für ihren Verlust schadlos halten?

Rentheim. Ihre Tugend, das bewußt seyn, rechtgehandelt zu haben. — Sie brechen keine Schwühre, keine Versprechungen, weil Sie mir dergleichen nie gethan. Ja, ich habe es ihnen oft gesagt, ich wollte nie die ihrige werden, als mit ihres Vaters Einwilligung. Denn bey meinen schlechten Glücksumständen wollte ich mich nicht auf eine schlechte Art in eine Familie schleichen, die mich verschmähen würde. Eben deßwegen wollte ich ihnen nie Versprechungen thun, noch welche annehmen. Trösten Sie sich, meine Schwester liebt Sie, und ich hoffe Sie wird Sie glücklich machen.

Karl. Glücklich sagen Sie? Nein, Fräulein, nein, das Glück und ich haben nichts mehr miteinander zu thun. Was ich heute gethan habe hat mich auf Zeitlebens unglücklich gemacht.

Rentheim. Zeigen Sie mir Gleichgültigkeit, wenn Sie nicht wollen, daß ich mein eigen trauriges Schicksal zu sehr empfinden soll.

Karl. Und wie ist dann das meinige? Ich bin verurtheilt, das zu verliehren, was mir theurer ist, als mein Leben, und habe noch überdiß die Pein, meine Tage mit einer

Per=

Person zuzubringen, die ich nicht lieben kann. — Ihr Zustand ist bey weitem nicht so schlimm. Sie sind noch frey, und können mit der Zeit vielleicht noch Lust bekommen ihr Herz einem glücklichen Manne zu schenken.

Rentheim. Nie! Nie!

Karl. Sagen Sie das nicht — diß war die einzige Hofnung, die mich noch von der Verzweiflung zurückhielt. — Wenn ich diese verliehre, so vergesse ich alle andere Pflichten, und überlasse meinen Vater der Armuth, und der Schande.

Rentheim. Halten Sie ein, ich bite Sie — Sie haben ihre Liebe großmütig aufgeopfert — Verscherzen Sie nicht den Ruhm eines zärtlichen Sohnes, bereuen Sie nicht eine Handlung, die Sie selbst mir schätzbarer macht.

Karl. Fräulein! — Die Thrännen stehn Ihnen in den Augen — laßen Sie sie fließen — denn ich schäme mich, allein zu weinen, (wendet das Gesicht weg)

Rentheim. Sehen Sie — es ist schon vorbey — Faßen Sie Muth, ich bitte Sie — Sie haben ein so edles Herz —

Karl. Ach! ich habe keine Kräfte — meine Standhaftigkeit hat mich verlassen.

Rentheim. Denken Sie an ihren unglücklichen Vater; das muß ihre Entschlossenheit unterstützen. Ich gehe sogleich und verlasse dieses Haus — und diß, Karl, muß das letztemal seyn, daß wir einander sehn — meinetwegen, meiner Schwester, und ihrentwegen — vergessen Sie mich, Karl, und suchen Sie — ich beschwöre Sie — suchen Sie glücklich zu seyn. (geht ab)

Karl Fräulein! bleiben Sie! bleiben Sie! — So ist denn alles dahin — und die Hofnung, die ich so viele Jahre gehegt, wie ein Traum verschwunden. — Welche edle Standhaftigkeit! — Gott! was muß ich alles verlieren! — Ich wünschte, ich wäre aus diesem unseligen Hause.

Neunter Auftritt.

Baron Bernberg, Karl.

Baron. Nun Karl, was soll das heissen? So allein? und ganz in Verzweiflung? Wo ist die Gräfinn? Hast du Sie noch nicht gesehn? Ich kam her, dir beyzustehn, denn ich weiß wohl, dein Herz ist noch zu schwach.

Karl. Es ist mir sehr lieb, daß Sie kommen, mein Vater, Sie müssen die Erklärung für mich thun, denn ich versichere Sie, ich bin nicht im stande zu reden.

Baron. Was fehlt dir Karl, ich wette, ich wette, das Fräulein, und du habt einander etwas vorgewinselt. Habe ich dich nicht davor gewarnet? Hast du nicht an Sie geschrieben?

Karl.

Karl. Das hab ich gethan, mein Vater, aber zu allem Unglück hatte Sie meinen Brief nicht erhalten. Wir traffen uns also, ich versichere Sie, ganz wider unsre Absicht.

Baron. Eine unglückliche Zusammenkunft! aber wie muß das gekommen seyn, daß Sie deinen Brief nicht erhalten hat?

Karl. Durch einen noch unglücklichern Umstand, denn Sie besorgt, ihre Schwester habe ihn aufgefangen.

Baron. Ein verfluchter Zufall, wenn das wahr ist. — Doch ihre Liebe gegen dich wird schon das alles übersehen. Es war nur so ein Uebergang, eine kleine Galanterie — Komm, ich will dich zu ihr führen, und alles wieder gut machen.

Karl. Ich bite Sie, gnädiger Herr, sprechen Sie Sie erst allein. Sie weiß noch nicht, daß ich da bin. Der Bediente führte mich in diß Zimmer, weil er glaubte, daß Sie hier wäre und zu allem Glücke war Sie nicht hier. Die Gegenwart ihrer Schwester setzte mich in solche Verwirrung, daß ich ihr nur sehr schlecht würde meine Schuldigkeit bezeigt haben.

Baron. Aber Sie erwartet dich jetzo. Ein Liebhaber wollte die verabredte Zeit versäumen? Schäme dich, Karl.

Karl. Ich bite Sie, gnädiger Herr, dispensieren Sie mich itzo davon. Ich will einen Spatziergang machen, und mich zu beruruhigen suchen. Sie können ohnehin der Sache eine weit bessere Wendung geben, wenn Sie meiner Neigung für ihre Schwester gedenken sollte.

Baron. Nun gut — Vielleicht ist es auch so besser. Auch ist es mir lieber, wenn Sie davon mit mir spricht. Gehe also nur fort, ich werde für dich das Wort reden, mich wird Sie gewiß vorlassen. (gehen beyde auf verschiedenen Seiten ab)

Ende des vierten Aufzugs.

Fünfter Aufzug.

Erster Auftritt.

Das Theater stellet vor ein Zimmer des Barons.

Baron Bernberg.

Baron.

Welch ein widriges Schicksal waltet doch über alles, was ich unternehme? — Ich mag fallen, worauf ich will — der Ausgang ist Verdruß und Kummer. — Doch dißmal muß ich noch meinem Unglück danken, denn wäre mein Projekt ausgeführt worden, in welchem schrecklichen Abgruud hätte ich meine Kinder gestürzet! das Blut erstarrt in meinen Adern wenn ich daran denke! Ich bin zum Verderben gebohren, und der Ruin, den ich mir selbst bereitet habe, stürzt nun über mein Haupt. — Ich sehe nichts vor mir, als Gram — und wenn ich zurück sehe — ein schändliches Leben! — Wenn ich bedenke, wie ich alle Geschenke des Glücks gemißbraucht habe. — Ich erschrecke vor diesem Gedanken —

Zweyter Auftritt.

Baron Bernberg, Karl.

Baron. Was bringst du, Karl?

Karl. Ich habe mich bemüht, gnädiger Herr eine solche Gemütsverfassung anzunehmen, die mich hoffentlich in den Stand setzen soll, das Geschäfte auszuführen, das ich übernommen habe. Ich bin nun bereit der Gräfinn aufzuwarten.

Baron. Ich erwartete dich nicht sobald wieder zurück.

Karl. Ich glaubte, je eher ich wiederkäme, desto angenehmer würde es ihnen und desto ehrerbietiger gegen die Gräfinn seyn.

Baron. Konntest du nichts mehr als Ehrerbietung für die Gräfinn empfinden?

Karl. Das wissen Sie wohl, daß ich es nicht kann. Mein Herz gehört einer anderen. Ich muß unglücklich seyn, aber ich hoffe doch Gräfinn Hellborn nicht unglücklich zu machen.

Baron. Ach die arme Frau! — Sie ist es nur schon gar zu sehr.

Karl. Haben Sie mit ihr gesprochen?

Baron. Ja! — Du kannst ihr Mann nicht seyn.

Karl. Ich bin bereit, wenn mich die Gräfinn haben will.

Baron. Du weißt nicht, was du sagst. — O Karl! — Du wirst erschrecken, wenn ich dir die seltsame Entdeckung erzähle, die ich gemacht habe.

Karl. Was denn, gnädiger Herr?

Baron. Gräfinn Hellborn — mit der ich dich verbinden wollte — ist meine Tochter.

Karl. Ich erstaune — doch wie haben Sie das entdeckt?

Baron. Als ich zu ihr gieng, für dich bey ihr anzuhalten, fand ich Sie in ihrem Kabinet in der größten Bewegung über den Brief, den du an ihre Schwester geschrieben hattest. — Ich vertheidigte dich, aber ich fand Sie völlig abgeneigt und kalt. — Als wir beyde eine Pause machten, betrachtete ich unterdessen von ungefehr das Portrait eines Frauenzimmers, das mir gerade gegenüber hieng, und

er=

erstaunte über ihre Aenlichkeit mit einer Schö=
nen, die ich auf meinen Reisen in Welsch=
land liebte, und treuloser Weise verließ.

Karl. Ich erinnere mich, daß Sie etwas
von ihr erzählt haben.

Baron. Sie hieß Theresine! — Ich glaub=
te in ihren Blicken Zorn über meine Belei=
digung zu sehn. Erschrocken über diesen An=
blick fragte ich sogleich, wessen Portrait das
wäre, und Hellborn sagte mir, es wäre das
Portrait ihrer Mutter.

Karl. Gott! was muß das vor einen Ein=
druck auf Sie gemacht haben?

Baron. Diß war noch nichts gegen das,
was ich nachher empfand, als ich in Sie
drang meine Neugierde noch weiter zu befrie=
digen, und Sie mir ihrer Mutter Namen und
Familie sagte! die sichtliche Bestürzung, in
die ich dadurch gerieth, bewog Sie, auch ih=
rerseits einige Fragen an mich zu thun, und
so kamen wir endlich zu dieser erstaunlichen
Entdeckung.

Karl. Ich erinnere mich, Sie hatten auf
ihren Reisen einen andern Namen angenom=
men.

Baron. Ganz recht. Sie hatte von mir
nur unter meinen erdichteten Namen gehört
und fragte mich mit stamlender Zunge, ob
ich nicht ehedem in Parma gewesen wäre, und
den Namen Seethal geführt hätte. Als ich
dieß

diß gestand, fiel Sie in eine Ohnmacht, von der Sie sich nur schwehr wieder erholte.

Karl. Haben Sie niemals wieder etwas von der Gräfinn ihrer Mutter gehört?

Baron. O nein. Ich wurde bald nach meiner Bekanntschaft mit ihr von meinem Vater zurückberuffen. Ich heirathete kurz nach meiner Zurückkunft, und jung und leichtsinnig, wie ich war, bekümmerte ich mich nicht weiter um Sie.

Karl. Sind Sie aber gewis überzeigt?

Baron. Ich habe nur zu sichere Beweise — die Reue und die Gewissensbisse der sterbenden Theresine! — die unglückliche erzählte auf ihrem Todbette ihrer Tochter das ganze Geheimniß.

Karl. Man hat ja immer die Gräfinn für eine Tochter des Herrn von Rentheim gehalten.

Baron. Ja, die Heirath zwischen ihm, und ihrer Mutter wurde ein Jahr nach meiner Abreise gestiftet. Bald nach der Hochzeit muste Herr v. Rentheim in seinen Angelegenheiten nach England, allwo er sich bis in das dritte Jahr aufhielt. Seine Frau, die während dieser Zeit durch ihr Verschulden ein Kind verlohr, machte sich seine Abwesenheit zu Nutze, unterschob aus Furcht vor seinen Vorwürfen die Gräfinn, und man hielt Sie also immer für seine würckliche Tochter.

Karl. Die arme Klare! ihr ist also doppelt

pelt unrecht geschehn, Sie hat durch ungleiche Theilung ihr rechtmässiges Erbgut eingebüßt.

Baron. Dieß war die Ursach, welche der sterbenden Mutter das Geheimniß abnöthigte. Ihr hintergangner Mann hatte aus partheyischer Liebe für seine vermeinte älteste Tochter dieser den grösten Theil seiner Reichthümer vermacht, und die Mutter befahl daher der Gräfinn noch auf dem Todbette, als Sie ihr das Geheimniß entdeckte, ihrer Schwester Gerechtigkeit zu erweisen.

Karl. Ich bin begierig das Ende dieser ausserordentlichen Unterredung zu hören.

Baron. Der Gräfinn Hellborn Unruhe war unbeschreiblich. Sie weinte, und rung die Hände. Ich vermischte meine Thränen mit den ihrigen, und als Sie mir zu Füssen fiel, sank auch ich wider meinen Willen nieder, und bat Sie, den Seegen eines reuigen Vaters anzunehmen. Sie drückte mich an ihre Brust, stand mit einer edlen Mine auf, und machte mit der Hand ein trauriges und stillschweigendes Zeichen, daß ich Sie verlassen sollte. Ich that es und eilte nach Hause meinen Betrachtungen nachzuhängen — O, Karl! was für Betrachtungen?

Karl. Es ist so viel unerwartetes in dieser Begebenheit, daß es scheint, als hätte es die Vorsehung gerade zur rechten Zeit so gefügt.

Baron. So hat Sie es deinetwegen gethan

than Karl. Ich verdiene die Fürsorge des Himmels nicht.

Karl. Ich bite gnädiger Herr, hängen Sie nicht solchen verzagten Gedanken nach, sondern hoffen Sie das beste.

Baron. O Karl! (zeigt auf sein Herz) Hier ist kein Grund zur Hofnung. Es fehlt mir der innere Trost. Nicht Lebhaftigkeit des Witzes, nicht Eitelkeit vorzüglicher Talente nützt mir etwas in Umständen, wie diese. Alles wollte ich — die ganze Welt gäbe ich darum, wenn ich so ein tugendhaftes Herz hätte, wie du.

Karl. Schon der Gedanke macht Sie zu dem, der Sie zu seyn wünschen. Trösten Sie sich —

Baron. Ach Karl, Karl! Worte können die Angst nicht ausdrücken, die ich empfinde. Wie gern wollte ich mich darein ergeben, wenn es nur mich allein beträfe, es ist die gerechte Strafe eines thörichten und lasterhaften Lebens; aber wann ich an dich und deine Mutter gedenke, dann gerathe ich ausser mir.

Dritter Auftritt.

Die Baroninn, und die Vorigen.

Baroninn. Liebster Gemahl! (der Baron wendet das Gesicht von ihr weg) Karl!

wa=

warum läßt du deinen Vater so unter seinem Kummer erliegen?

Karl. Reden Sie mit ihm gnädige Mama, er braucht ihre Zärtlichkeit zu seiner Beruhigung.

Baroninn. Liebster Gemahl! du hast keine Ursache dich so zu quälen. Ich bringe dir eine angenehme Nachricht.

Baron. Angenehm sagst du? Nein, das kann nicht seyn.

Baroninn. Gräfinn Hellborn ist in meinem Zimmer, mein Schaz. Wir haben ein langes Gespräch gehabt. Sie hat mir die wunderbahre Begebenheit erzählt, die der heutige Tag ans Licht gebracht; und verlangt mit dir zu sprechen. — Soll ich Sie hieher bringen?

Baron. Ja, ja, das thue. (die Baroninn geht ab)

Karl. Erhohlen Sie sich wieder gnädiger Herr, ich wage es, ihnen einen glücklichen Ausgang von diesem Vorfalle zu versprechen.

Baron. Ich gestehe es, dieser unerwartete Besuch der Gräfinn hat mir wieder etwas Leben gegeben, und die edle Freymüthigkeit, mit der Sie meiner Frauen das Geheimniß mitgetheilt, zeigt von ihrer erhabnen Denkungsart.

Vier-

Vierter Auftritt.

Die Baroninn, Gräfinn Hellborn, und die Vorigen, hernach ein Bedienter.

Hellborn. Herr Baron, ich glaubte Sie allein zu finden, ich kann Karln nicht ohne Beschämung sehen.

Baron. Du, meine Tochter, hast keine Ursache dazu. Aber wenn dir meines Sohnes Gegenwarth auf irgend eine Art Unruhe macht, so soll er sich entfernen.

Hellborn. Es ist nicht mehr nöthig. Da ihm das, was ich zu sagen habe, sehr nahe angeht, so ist es billig, wenn er bey meiner Erklährung zugegen ist. (zu Karln) Vermuthlich haben Sie unterdessen meine Geschichte erfahren.

Karl. Ich schätze mich glücklich, gnädige Gräfinn, das ich nun ein so nahes und zärtliches Recht auf ihre Achtung erhalten habe.

Hellborn. Ich hoffe ihnen noch ein näheres zu geben. Ich will jetzt die Mittel nicht rechtfertigen, wodurch ich zu der Känntniß von der Liebe zwischen ihnen und meiner Schwester gelangt bin.

Karl. Sie haben keine Entschuldigung nötig. Es war ein glücklicher Zufall, der meinem Vater Gelegenheit gab, eine für uns alle so erwünschte Entdeckung zu machen.

Hell=

ein Lustspiel.

Hellborn. Mein Vater! ich bin meiner Schwester einen grossen Ersatz für den Verdruß schuldig, den ich ihr bey mehr als einer Gelegenheit verursacht, und Sie ihrerseits sollten, däucht mich, ihren Sohn für das Opfer belohnen, das er ihnen hat thun wollen. Wollen Sie ihm erlauben Klaren zu seiner Brauth zu wählen?

Karl. O gnädige Frau, Sie sind gar zu gütig.

Hellborn. Noch haben Sie wenig Ursache, das zu sagen. Mein Vater! Karls Liebe für meine Schwester, ist der Grund seines Glückes, aber um auch ihnen diese Parthie angenehm zu machen, erbiete ich mich ihr nicht nur ihr ganzes väterliches Erbgut, das ich so lange unrechtmässiger Weise besessen, abzutretten, sondern auch das Vermögen, so ich von meinem verstorbenen Mann ererbt habe, mit ihr zu theilen.

Baron. O Karl! welche erhabne Seele!

Baroninn. Liebster Gemahl! lasse deinen Sohn nicht länger in Ungewisheit. Er scheint die Entzückung, die in seinem Herzen entsteht, so lange zurückzuhalten, bis sein Vater seine Liebe bestättigt.

Baron. Nimm, nimm deine Klare von der Hand dieser vortreflichen Frau, und der Himmel seegne euch beyde.

Hellborn. (Karl geht auf Sie zu) Keinen Dank Karl. — Versparen Sie die Ausbrü=

brüche ihrer Freude, bis meine Schwester kömmt. Ich habe Sie herhohlen lassen. Und nun hoffe ich durch diese einzige Handlung— denn mehr ist es nicht — meine nächsten und liebsten Verwandten glücklich gemacht zu haben.

Baron. Frau! Sohn! helft mir eine solche unerhörte Güte nach Würde loben! helft mir dafür danken!

Baroninn. O mein Schaz. Worte fehlen mir — Karl ist für Erkenntlichkeit auch ganz stumm geworden.

Bediente. Fräulein Rentheim läßt sich anmelden.

Hellborn. Wollen Sie mir das Vergnügen erlauben, Karln ganz allein zu meiner Schwester zu führen.

Baron. Vom Herzen gern.

Hellborn. Kommen Sie, Karl. (Sie giebt ihm die Hand, und er führt Sie ab, der Bediente geht auch mit.)

Fünfter Auftritt.

Baron Bernberg, die Baroninn.

Baron. Nein, ich habe die Wohlthaten nicht verdient, die jetzt über mich ausgeschüttet werden. Aber dein gutes Herz, dein, und meiner Kinder Tugend hat den Himmel bewogen für euch zu sorgen, und er seegnet mich nur eurentwegen. Aber, liebste Gemahlinn

mit

mit Freuden kann ich dich versichern, sowohl was sich diesen Morgen ereignet, als auch einige andere Zufälle, die ich seit einiger Zeit erfahren, haben mich so sehr zum Nachdenken gebracht, daß du von heute an in mir einen ganz anderen Mann finden sollst.

Baroninn. Wenn du dir etwas in deinem Wandel bewußt bist, das du zu bessern wünschest, so freue ich mich, daß dieser Entschluß aus dem Gefühl deines eigenen Herzens herrühret. Denn es würde mich kränken, wenn ich glauben könnte, dir auch nur mit einem Blike Vorwürffe gemacht zu haben.

Baron. Das hast du nie gethan. Ich erkenne es, du bist die Beste Frau. Es ist Zeit, daß ich auch nun auf meiner Seite die beständige und zärtliche Achtung von dir zu verdienen suche, die ich bisher so geringe geschätzt habe. Und nun beste Frau, empfange meine Hand zum zweytenmal, mit der Versicherung, die ich dir zuvor nie geben konnte, daß du mein Herz ganz besitzest (Sie umarmen sich.)

Baroninn. Liebster Gemahl, ich war nie so glücklich, als in diesem Augenblick.

Baron. Du sollst meine Aufführung so sehr gebessert finden, als es dein Herz nur wünschen kann.

Baroninn. Ich bite dich mein Schatz, höre auf. Du bist nun alles, was ich wünsche. Nur noch ein Wunsch bleibt mir übrig,

rig, der, wenn er erfüllt werden könnte, mich vollkommen glücklich machen würde. — Die arme Louise!

Baron. Ich verstehe dich, mein Kind — Wie ich höre, soll der junge Waldburg heute ankommen.

Baroninn. Ja, man erwartet ihn heute abends — Ich will es eben nicht wagen, ihn vorzuschlagen. Aber in Wahrheit mit dem Obristen kann Sie nicht glücklich seyn.

Baron. Herzlich gern wollte ich dir in allem willfahren. Aber wie kann ich mit Ehren von ihm loskommen? Du weißt er hat mein Wort.

Baroninn. Ich weiß es. Aber Gräfinn Hellborn vermag gewiß noch so viel über ihn, daß du mit ihrer Hilfe unstreitig von ihm loskommen kannst.

Baron. Wenn das möglich wäre. — Gut, ich überlasse es dir.

Sechster Auftritt.

Gräfinn Hellborn, Fräulein Rentheim, Louise, Karl, und die Vorigen, hernach ein Bedienter.

(Der Baron redet mit Karln heimlich.)
Hellborn. (zur Baroninn) Ich habe die Ehre ihnen hier meine Schwester vorzustellen.

Rentheim. Gnädige Frau — (küßt der Baroninn die Hand)

Ba=

Baroninn. (hebt sie auf und küßt Sie)
Einen Kuß meine Tochter!

Rentheim. Ach Schwester! wie viel Verbindlichkeiten —

Hellborn. Genug, Schwester, ich habe nur meine Schuldigkeit gethan.

Baroninn. Louise, ich habe noch einmal eine Fürbite für dich eingelegt, dein Vater hat auch nachgegeben, wenn er nur sein Wort mit Ehren von dem Obristen zurücknehmen könnte. Liebste Hellborn, wenn Sie uns ein wenig beystehen wollten, so weiß ich gewiß es liesse sich thun.

Hellborn. Sie haben nur zu befehlen.

Louise. O gnädige Gräfinn, ein Wort, ein freundlicher Blick würde gewiß ihren flüchtigen Liebhaber wieder zurück bringen.

Hellborn. Wenn ich ihnen damit einen Gefallen thun kann so will ich versuchen, ob ich noch etwas bey ihm vermag. Aber so viel muß ich ihnen sagen, ich werde mich nie wieder verheirathen. Doch ich weiß der Obrist ist zufrieden, wenn ich ihn nur bloß wieder zu Gnaden annehme.

Bedienter. Ein Brief von dem Advokaten Rechtthal. (geht ab)

Baron. (nachdem er still gelesen) Nein, so viel Glück auf einmal, daß ist zu viel! — Hört meine Kinder!

„ So eben kömmt der Gerichtsbote mit der
„ Nachricht, daß mein Schreiber, welcher
„ vor zwey Jahren mit denen Hauptbewei-
„ sen

„ sen ihres Processes durchgegangen, gefäng=
„ lich eingebracht worden. Da nun alles auf
„ das Geständniß dieses elenden ankömmt,
„ so wird ihre Strittsache bald ein ganz an=
„ deres Aussehen bekommen. Ich eile ins
„ Gefängniß, wo man mit dem Verhör auf
„ mich wartet, und hoffe die Ehre zu haben,
„ ihnen auf den Abend meinen Glückwunsch
„ wegen diesen glücklichen Zufall selbst abzu=
„ statten. Ich bin.

Wenn ich diesen Proceß gewinne, so werde ich
auf einmal aus dem Elend in den Ueberfluß
versetzt. Seht meine Kinder! der bloße Vor=
satz mich zu bessern hat mir schon den Seegen
des Himmels zugezogen, eure Tugend, und
euer Beyspiel soll mich bald in den Stand se=
tzen, seine Strafe nie wieder zu verdienen.

Baroninn. Nun sind wir beyde glücklich!
Du hast deine vorige Ruhe, und ich deine Lie=
be wieder erhalten!

Bedienter. Der Obrist Waldburg.

Baron. Ich werde gleich kommen.

Hellborn. Lassen Sie ihn doch hier herein=
führen. Ich habe grosse Lust ihn Fräu=
lein Louisen wegzufischen.

Baron. O ich sehe, ihr habt ein Komplot
gemacht. — Führt ihn hieher. (der Bedien=
te geht ab) Louise, an diesem freudenvollen
Tage darf ich nicht zugeben, daß du allein
mißvergnügt bleibst — Du hast alles dieser
Gräfinn, und deiner vortreflichen Mutter zu
danken.

Baroninn. Du thust am besten, Louise, wenn du dich nicht gleich vor ihm sehen läßt.
(Louise geht in das Kabinet)

Siebenter Auftritt.

Obrist Waldburg, und die Vorigen.

Obrist. (bückt sich tief gegen den Baron, und die Baroninn, und sieht sich mit Erstaunen um) Herr Baron, ich glaubte, meine Augen würden mit dem Anblick meiner schönen Geliebten beglückt werden.

Hellborn. Wie Herr Obrist, nicht einen Blick? Haben Sie mich ganz vergessen?

Obrist. Ach, gnädige Frau Gräfinn, diese Frage kömmt ein wenig zu spät.

Hellborn. Das thut mir leid, Herr Obrist.

Obrist. Ich hoffe der Herr Baron sind überzeugt, daß ich von der Treue die ich ihrer vortreflichen Fräulein Tochter schuldig bin, nicht abweiche, wenn ich mich mit dieser Gräfinn in ein Gespräch einlasse.

Baron. O keineswegs!

Obrist. Ich schmeichle mir, daß auch die gnädige Frau Baroninn die Gewogenheit haben, es zum besten auszulegen.

Baroninn. Zweifeln Sie nicht Herr Obrist.

Obrist. (zu Karl) Auch von ihnen, erbite ich mir die Nachsicht mich deswegen nicht zu tadeln.

Karl. O Herr Obrist die Gesätze der guten Lebensart gebieten es.

Hellborn. Ich freue mich Herr Obrist, daß ich Gelegenheit habe, Sie in Gegenwart dieser würdigen Familie, wegen alles dessen um Verzeihung zu biten, was ihnen in meinem Betragen anstößig gewesen seyn kann.

Obrist. Gnädige Gräfinn, ich verdiene eine so grosse Herablassung nicht. Wollte der Himmel, daß nie eine Gelegenheit dazu gewesen wäre!

Hellb. Das wünsche ich auch Herr Obrist, aber, wie ich wohl sehe, kömmt meine Reue zu spät.

Obrist. Reue! O Himmel, können Sie so weit gehn und einige Gewissensangst darüber empfinden?

Hellborn. Allerdings liebster Herr Obrist.

Obrist. Liebster Herr Obrist! Hören Sie Herr Baron! beym Himmel, seit Armidenstagen hat die Welt keine solche Zauberinn gesehn. Ich versichere Ihnen, ich bin hier, wie eingewurzelt, ich kann nicht von der Stelle.

Karl Hilf Himmel Herr Obrist, das wäre ja unerhört.

Obrist. Ich sagte es nur im figürlichen Verstande. (er geht herum) Dem Himmel sey dank, noch habe ich nicht ganz — den Gebrauch meiner Beine verloren.

Baron. Nun Herr Obrist, so thätten Sie am besten, Sie entferntn sich, weil es noch Zeit ist.

Hellborn. Ja, thun Sie das Undankbarer, und bringen Sie die Liebe, die mir gehört, Fräulein Louisen dar. Aber zur Bestraffung ihrer Unbeständigkeit muß ich ihnen sagen, daß Sie ihr Herz bereits einem andern geschenkt hat.

Obrist.

Obrist. Das ist unerlaubt, gnädige Frau, daß Sie einer unschuldigen Fräulein Ehre nicht schonen.

Hellborn. Ich sage nichts als die Wahrheit. Und, noch mehr, ich weiß es, Ihr Neffe der junge Waldburg ist der Mann, und er liebt Sie eben so stark.

Obrist. Mein Neffe? Himmel, was sagen Sie mir? Herr Baron, gnädige Frau, darf ich glauben, was mir diese räzelhafte Schöne sagt.

Baroninn. Ich muß es gestehn, ich glaube, daß ihr Neffe, und meine Tochter einander nicht ungerne sehen.

Obrist. Ich bin, wie vom Donner gerührt. — So innbrünstig ich auch das Fräulein verehre, so wollte ich doch eher den Märtyrertod leiden, als unter so unglücklicher Konstellation eine Heirath schliessen.

Karl. Man nöthigt Sie gar nicht, Herr Obrist.

Obrist. (bey Seite zu Karln) Ich habe eben kein hitziges Temperament, aber wenns nöthig ist — ich stehe zu Diensten — zu Pferde und zu Fuß — Sie verstehen mich.

Karl. O es wird nicht nöthig seyn. Doch es freut mich, daß Sie so viel Point d' Honneur haben.

Obrist. Ihr Beyfall macht mich stolz. Ich hoffe Herr Baron, daß Sie mir auch den ihrigen nicht versagen werden, wenn ich meinen Ansprüchen auf das schöne Fräulein ihre Tochter entsage.

Baron. Ich bin es sehr wohl zu frieden.

Hellborn. Nun Herr Obrist, ich weiß gewiß, Sie denken zu großmüthig als das Sie ihres Neffen Glück hindern sollten, wenn anderst der Baron —

Baron. Ich habe nichts wieder ihn einzuwenden, aber der Herr Obrist weiß, daß ich nicht im Stande bin, meiner Tochter ein Vermögen mitzugeben, wie es ihr Rang erforderte.

Hellborn. O Herr Baron, ich weiß gewiß, der Herr Obrist hat ein zu edles Herz als daß er ein niedriges Verlangen noch Geld das Glück eines zärtlichen Paares hindern lassen sollte.

Obrist. O nein. Ich bin vielmehr entzückt, daß mein Neffe eine so gute Gelegenheit hat, die Großmuth zu zeigen, die in der Familie der Waldburge erblich ist, Reichthümer gegen Schönheit zu verachten. Herr Baron, wenn mein Neffe ihre Einwilligung erhält, so versichere ich ihnen, ich will ihn im Punkt des Vermögens seiner geliebten Fräulein würdig machen.

Baron. Nach einem solchen Beweise der Großmuth muß mir eine solche Verbinduug mit ihrer Familie doppelt angenehm seyn.

Louise. (kömmt eilends hervor) Mein Vater — Herr Obrist, wie vielen Dank bin ich ihnen schuldig.

Obrist. Fräulein! Fräulein! — Doch der Obrist Waldburg ist nicht gewöhnt Vorwürffe zu machen.

Hellborn. Und nun, Herr Obrist, werden
Sie

Sie hoffentlich zu ihrer rechtmäſſigen Souveraininn zurückkehren.

Obriſt. Gebieterinn meines Schickſals, zu ihren Füſſen kehre ich wieder in die glückliche Sklaverey zurücke. (kniet nieder)

Achter und letzter Auftritt.
Graf Wintersfeld, die Gräfinn, und die Vorigen.

Graf. Was der Henker? Mein Onkel, wie ein Romanenritter, zu der ſchönen Wittwe Füſſen? Es geht ja hier alles drunter und drüber! — Baron, Baroninn! geſchwinde löſen Sie mir das Räzel — Ums Himmelswillen, was fehlt euch denn allen?

Gräfinn. Liebſte Hellborn, ich ſterbe für Neugierde.

Graf. Nun, nun, mein Schatz, an der Krankheit wirſt du wohl nicht ſterben; denn ſeitdem wir einander kränken, biſt du ſchon ziemlich oft damit befallen geweſen.

Gräfinn. Höre Graf, wenn deine Zunge nur deinen Witz ungehudelt laſſen könnte, ſo würdeſt du nicht ſo übereilt reden — Erzähle mir es doch liebſte Hellborn.

Graf. Thun Sie es nicht ſchöne Gräfinn! — Mein Schatz, wahrhaftig, du erinnerſt mich an die Katze in der Fabel, die in eine ſchöne Frau verwandelt wurde; aber bey der erſten Verſuchung — huſch — ward Sie wieder eine Katze.

Grä=

Gräfinn. Und du erinnerst mich —

Baroninn. (zieht Sie bey Seite) Nimm dich in acht Wintersfeld! Nimm dich in acht!

Baron. (bey Seite zur Gräfinn) Hüten Sie sich für den Rückfall, Gräfinn. Sie sind glücklich, wenn Sie auf den Fuß fort leben können.

Gräfinn. So Herr Baron! je, wer hat denn Sie so verwandelt?

Baron. Meine Frau.

Hellborn. Liebste Wintersfeld, ein andermal will ich dir alles erzählen. Vor jetzt aber kannst du Karln, und meiner Schwester zu ihrer Verbindung gratulieren, der Baron hat eben eingewilligt. Du kannst auch Fräulein Louisen zu ihrer Vermählung mit dem jungen Waldburg glückwünschen.

Baron. Und mir müßt ihr alle aus doppelter Ursache glückwünschen, fürs erste zu der Freude, die ich in meiner Familie erlebe, fürs zweyte aber zu meiner völligen Besserung.

Ende des Lustspiels.